Cocina selecta

Vegetariana

Más de 175 exquisitas recetas

Grupo Editorial Tomo, S.A. de C.V.,
Nicolás San Juan 1043,
03100 México, D.F.

© Freshly Selected Vegetarian

Published by:
R&R Publications Marketing Pty Ltd
ABN 78 348 105 138
PO Box 254, Carlton North, Victoria 3054 Australia

© Anthony Carroll

©2011, Grupo Editorial Tomo, S.A. de C.V.
Nicolás San Juan 1043, Col. Del Valle, 03100, México, D.F.
Tels. 5575.6615, 5575.8701 y 5575.0186 Fax: 5575.6695
http://www.grupotomo.com.mx
ISBN-13: 978-607-415-259-3
Miembro de la Cámara Nacional de la Industria Editorial No. 2961

Traducción: Lorena Hidalgo Zebadúa
Diseño de portada: Karla Silva
Formación tipógrafica: Armando Hernández
Supervisor de producción: Silvia Morales

Este libro se publicó conforme al contrato establecido entre
R&R Publications Marketing Pty Ltd y
Grupo Editorial Tomo, S.A. de C.V.

Impreso en México - Printed in Mexico

[redacted]

cocina selecta

contenido

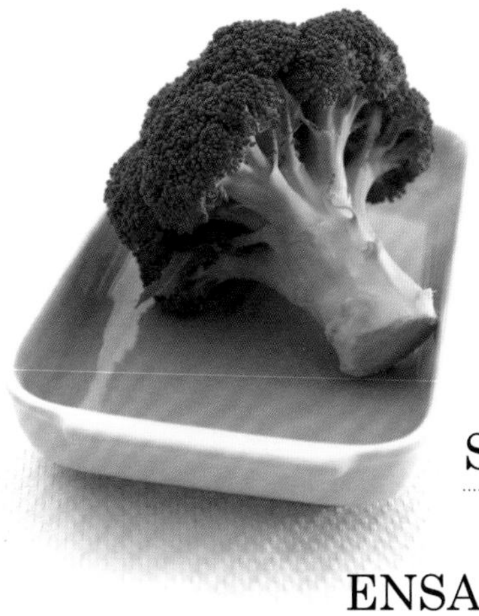

introdución

La comida vegetariana es una sana alternativa para el estilo de vida moderno. Los platillos sin carne, pescado, ni aves son atractivos, ricos y te dejarán satisfecho —además de que son buenos para tu salud—. Las recetas de este libro son para preparar exquisitos platillos que puedes combinar o disfrutarlos solitos como comida saludable.

Verduras perfectas

En este libro encontrarás recetas de muchos lugares del mundo que te enseñarán a preparar platillos sencillos con maravillosas texturas y deliciosos sabores de verduras frescas, crudas y cocidas.

Desde sopas con influencia asiática hasta riquísimos postres, esta selección de recetas te dejarán satisfecho y te permitirán preparar comida natural y saludable para satisfacer a todos los paladares y para cualquier ocasión, desde una rápida botana hasta una cena de tres tiempos.

Lo que debes saber sobre las verduras

Para sacar el máximo provecho de las verduras frescas, te ofrecemos consejos básicos sobre preparación y cocción, paso a paso, y así podrás crear deliciosos platillos vegetarianos.

En sus marcas...

La cocción y preparación fáciles dependen de tener unos buenos utensilios básicos. Para facilitarte la preparación, vale la pena que inviertas un poco de tiempo y dinero en tener un buen equipo, como una tabla grande para picar; un cuchillo pequeño y afilado para verduras, varios cuchillos más grandes y afilados para cortar y picar; un rallador; un pelador de verduras y un colador o cernidor grande. No olvides mantener afilados tus cuchillos, ya sea que aprendas a sacarles filo tú mismo o que los lleves regularmente a un afilador. Los cuchillos filosos hacen que la preparación sea facilísima.

Listos...

Lava las verduras antes de prepararlas, pero no las remojes. El remojo tiende a eliminar las vitaminas solubles en el agua y sólo obtendrías verduras con un menor contenido de nutrientes. Como en toda regla, siempre hay algunas excepciones y quizá sea necesario remojar algunas verduras que estén muy sucias para eliminar la tierra y los insectos.

Si éste es el caso procura que el tiempo de remojo sea mínimo.

- Las verduras enteras con piel tienen un mayor contenido de nutrientes y de fibra que las verduras finamente picadas y peladas. Muchos de los minerales y vitaminas que se encuentran en las verduras están justo debajo de la piel. Pela las verduras sólo cuando sea necesario.

- Para obtener un máximo valor nutricional prepara las verduras justo antes de cocer y sirve en cuanto estén cocidas.

- Mientras más pequeña es la porción, menor es el tiempo de cocción. Por ejemplo, una zanahoria rallada se cuece más rápido que una cortada en rebanadas.

Cuando quieras

- Cortar en cubos, corta la verdura en pedazos de 1cm aproximadamente.

- Picar, corta la verdura en pedazos de 0.5cm.

- Picar finamente de 0.25cm

- Rallar, usa un rallador manual o un procesador de alimentos con el aditamento para rallar.

- Rebanar, corta muy delgado o muy grueso. También puedes rebanar en aros. Otra manera de rebanar es cortando en diagonal. Ésta es una excelente forma de preparar verduras como zanahorias, calabazas zucchini y apio para freír.

No olvides las 3 M

- Mínimo de agua
- Mínimo de cocción
- Mínimo de cortar

Buenas para ti

Las autoridades sanitarias recomiendan que consumamos cuatro porciones de verduras diariamente, y por lo menos una debe ser de verduras crudas. La antigua recomendación de comer una verdura blanca, una amarilla y una verde ya no es tan común hoy en día, pero es un recordatorio de que las verduras de colores brillantes son, por lo general, la mejor fuente de vitaminas.

La despensa

Sigue los siguientes consejos para que no te agarren las prisas.

- Si guardas las hierbas y las especias por orden alfabético es más fácil encontrarlas y puedes ver cuándo debes comprar más.

- Cultivar algunas hierbas en tu casa, como albahaca, cilantro, romero, menta, cebollín y perejil, te asegura que nunca te faltarán. Estas hierbas frescas suelen ser el secreto de los sabores delicados en las comidas.

- Coloca todos los artículos esenciales, como azúcar y harina, en el mismo lugar. Guarda las salsas y los condimentos según las utilizas, así, un solo vistazo a la alacena te dará grandes ideas.

- Ten una selección de verduras congeladas. Los chícharos, los frijoles, las espinacas y los elotes son excelentes opciones y sólo necesitas unos cuantos minutos para cocerlos en el microondas.

- Guarda en el congelador un surtido de panes y roles, descongélalos en el microondas para hacer deliciosos sándwiches al instante.

- La pasta y el arroz cocidos se pueden congelar; recaliéntalos en el microondas y así ahorrarás tiempo cuando tengas muchas cosas que hacer.

- La leche evaporada es un sustituto maravilloso cuando no tienes crema fresca. Puedes usarla para preparar salsas y quiches, además se bate fácilmente cuando está fría. Guarda unas cuantas latas en la alacena para emergencias.

VERDURA	PORCIÓN	FIBRA*
Espárragos, hervidos	6–8 piezas(60g)	1.4
Ejotes, crudos	½ taza (6g)	1.2
Germen de soya	2 cucharadas (10g)	0.3
Betabel, en lata	2 rebanadas (20g)	0.6
Brócoli, hervido	⅔ taza (100g)	3.9
Col, blanca, hervida	½ taza (50g)	1.0
Pimiento, verde, crudo	¼ pimiento (40g)	0.5
Zanahoria, pelada, hervida	1 zanahoria (100g)	2.9
Coliflor, hervida	⅔ taza (100g)	2.0
Apio, crudo	1 tallo (100g)	0.8
Chile, crudo	2 chiles (5g)	0.6
Pepino, pelado, crudo	4–5 rebanadas (20g)	0.1
Berenjena, cocida	½ pequeña (75g)	2.7
Ajo, crudo	2 dientes (10g)	1.7
Poro, hervido	1 poro (50g)	1.4
Lechuga, cruda	2 hojas (20g)	0.1
Champiñones, fritos	4–6 champiñones (75g)	1.4
Aceitunas	3 verdes (20g)	0.8
Cebolla, pelada, frita	1 cebolla (80g)	2.2
Perejil	2 ramitas (2g)	0.1
Chícharos, hervidos	⅓ taza (40g)	1.0
Papa, pelada, hervida	1 mediana (120g)	2.4
Papa, sin pelar, hervida	1 mediana (120g)	3.0
Calabaza, pelada, hervida	½ taza (80g)	2.4
Rábano, rojo, crudo	2 rábanos (10g)	0.1
Acelga, hervida	3 tallos (100g)	2.1
Elote dulce	½ taza de granos (70g)	3.5
Jitomate, crudo	1 mediano (130g)	2.4
Calabacita italiana, hervida	1 mediana (110g)	1.5

*gramos de fibra dietética por porción

cocina selecta

botanas

PASTELITOS DE CEBOLLA MORADA Y CHILE

Ingredientes

375g de pasta hojaldrada

1 cucharada de aceite de oliva

200g de cebollas moradas,
en mitades, finamente rebanadas
a lo largo

1 chile rojo pequeño, sin semillas,
finamente rebanado

Sal y pimienta negra

2 cucharadas de pesto rojo (salsa
preparada con tomates secos, piñones
y especias)

25g de piñones

Preparación

1 Precalentar el horno a 220°C. Con un molde redondo de 12cm de diámetro cortar la pasta hojaldrada en 4 círculos. Con un molde un poco más pequeño marcar un margen de 1cm en cada círculo para hacer el borde. Colocar los círculos sobre papel para hornear.

2 En una sartén grande calentar el aceite. Saltear la cebolla durante 10 minutos o hasta que se suavice, revolver. Agregar el chile y saltear ligeramente durante 1 minuto, sazonar.

3 Untar el pesto en los círculos, dejar el borde libre. Colocar la mezcla de cebolla sobre el pesto y esparcir encima los piñones. Hornear de 12 a 15 minutos, hasta que la pasta suba y esté dorada. **Porciones 4**

KEBABS ROMANOS

Ingredientes

1 pan baguete

400g de queso mozzarella

4 jitomates Saladet

⅓ taza de aceite de oliva

1 cucharada de jugo de limón amarillo

1 cucharadita de orégano seco

Sal y pimienta negra

Albahaca fresca para decorar

Preparación

1 Precalentar el horno a 220°C. Remojar en agua 4 brochetas de madera durante 10 minutos.

2 Cortar el pan en 16 rebanadas de 1cm de grosor, cortar el queso mozzarella en 12 rebanadas. Cortar cada jitomate en 3 rebanadas, desechar las orillas.

3 En un plato hondo mezclar el aceite, el jugo de limón, el orégano y sazonar. Barnizar generosamente ambos lados del pan con la mezcla de aceite, insertar el pan en las brochetas, alternando con el queso y las rebanadas de jitomate, terminar con pan. Verter encima el resto de la mezcla de aceite.

4 Colocar los kebabs sobre papel encerado y hornear de 6 a 8 minutos, voltear a la mitad de la cocción, hasta que el pan esté crujiente y el queso comience a derretirse. Dejar enfriar ligeramente antes de servir, decorar con albahaca fresca. **Porciones 4**

PASTELITOS DE CEBOLLA MORADA Y CHILE

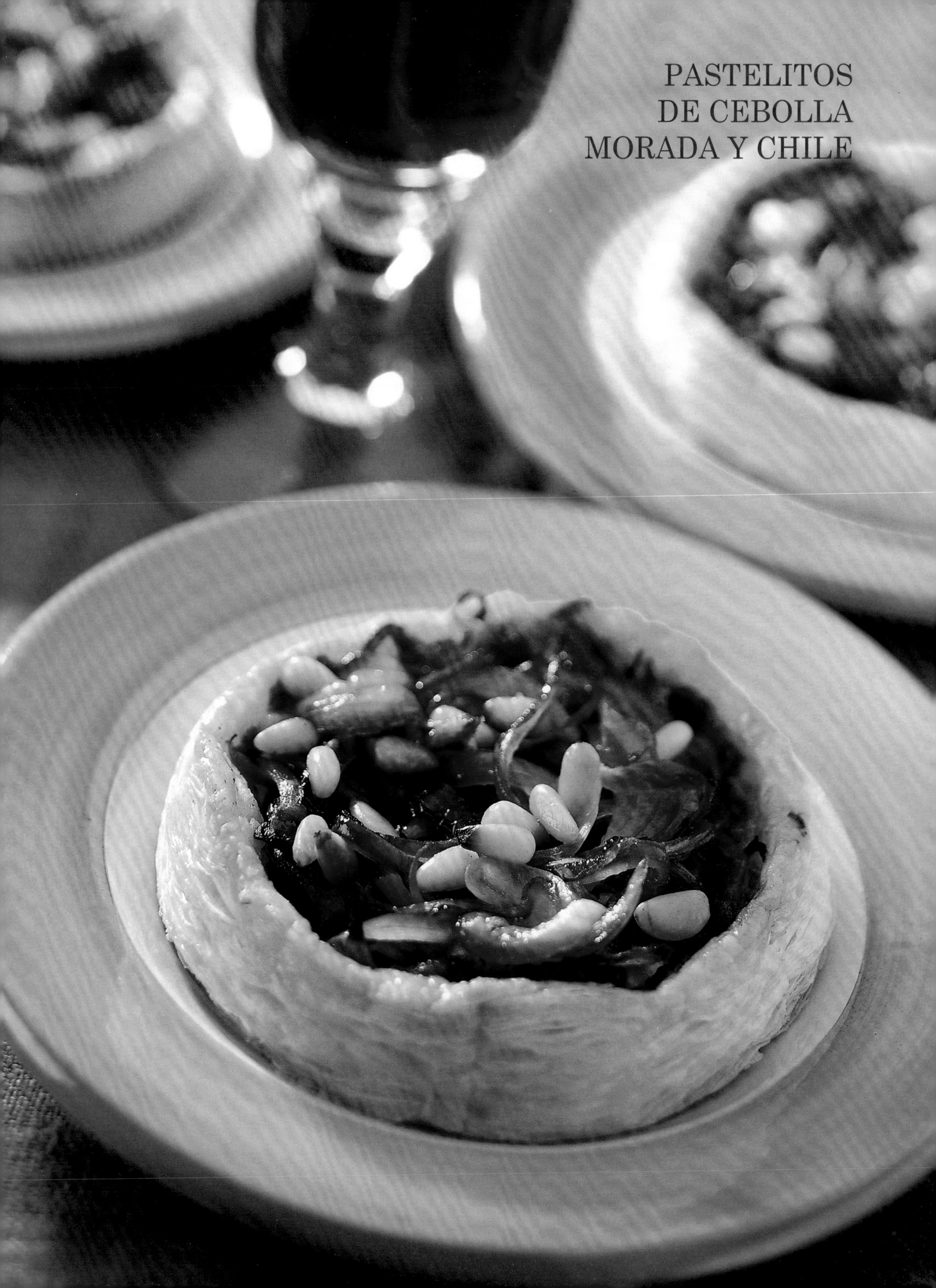

BRUSCHETTA ASADA DE VERDURAS

Ingredientes

1 pimiento rojo o amarillo, sin semillas, cortado en tiras

1 calabacita italiana, cortada a la mitad, en rebanadas finas a lo largo

1 cebolla morada, finamente rebanada

2 jitomates Saladet grandes, en rebanadas gruesas

3 cucharadas de aceite de oliva extra virgen

2 cucharaditas de mostaza de grano entero

Pimienta negra

1 pan chapata, cortada en 8 rebanadas, u 8 rebanadas de baguete

1 diente de ajo, cortado a la mitad

8 aceitunas negras, sin hueso, cortadas en rebanadas finas

Albahaca fresca para decorar

Preparación

1 Precalentar la parrilla a intensidad alta, forrar la parrilla con papel aluminio. En un tazón combinar el pimiento, la calabacita, la cebolla y los jitomates. Incorporar dos cucharadas de aceite, la mostaza y la pimienta negra, verter sobre las verduras y revolver para mezclar.

2 Colocar una capa delgada de las verduras sobre la parrilla y asar de 3 a 4 minutos por cada lado, hasta que estén ligeramente doradas. Reservar y mantener calientes.

3 Tostar las rebanadas de pan por ambos lados y, mientras estén calientes, frotar las mitades de ajo por un lado de cada rebanada de pan. Repartir las verduras entre las rebanadas del lado del ajo. Esparcir encima las aceitunas y verter el resto del aceite. Decorar con albahaca fresca y servir. **Porciones 4**

DIP CREMOSO DE GARBANZOS Y JITOMATE

Ingredientes

250g de garbanzos

6 cucharadas de aceite de oliva

Ralladura fina de ½ limón amarillo

Jugo de 2 limones amarillos

350g de jitomates Saladet

2 dientes de ajo, machacados

2 cebollas de cambray, finamente picadas

3 cucharadas de menta o perejil fresco, finamente picado

Sal y pimienta negra

Preparación

1 Remojar los garbanzos en agua fría durante 12 horas o durante la noche. Colar y enjuagar bien, colocarlos en una cacerola y cubrirlos con agua fresca. Dejar que suelte el hervor y cocer durante 10 minutos, con una cuchara coladora retirar la espuma de la superficie.

2 Colar los garbanzos, reservar 6 cucharadas del líquido de cocción y unos cuantos garbanzos para decorar. En un procesador de alimentos licuar el resto de los garbanzos hasta formar un puré suave con el líquido de cocción reservado, el aceite y el jugo de limón. Pasar a un tazón.

3 En un bol colocar los jitomates y cubrir con agua hirviendo. Dejar reposar durante 30 segundos, pelar, quitar las semillas y picar grueso. Añadir los jitomates al puré de garbanzos junto con la ralladura de limón, el ajo, las cebollas de cambray, el perejil o menta y sazonar.

4 Mezclar bien y refrigerar durante 30 minutos. Antes de servir decorar con los garbanzos reservados y bañar con un poco de aceite de oliva extra. **Porciones 4**

DEDOS DE PESTO CON QUESO RICOTA

Ingredientes

12 rebanadas de pan rústico

3 cucharadas de aceite de oliva

250g de queso ricota

5 cucharadas de pesto

Pimienta negra

25g de queso parmesano

Preparación

1   Tostar el pan, barnizarlo con un poco de aceite. Mientras, revolver el queso ricota con el pesto, incorporar el resto del aceite. Sazonar con pimienta

2   Cortar el pan en trozos del tamaño de un dedo, retirar las costras. Untar la mezcla del ricota y rallar el queso parmesano encima. **Porciones 6**

ALCACHOFAS CON SALSA DE CREMA AGRIA

Ingredientes

4 alcachofas grandes

Sal

1 taza de crema agria

5 cebollas de cambray, finamente picadas

1 cucharada de vinagre balsámico

1 diente de ajo, finamente picado

Preparación

1   Cortar los tallos de las alcachofas para que se mantengan de pie. En una cacerola grande con agua hirviendo con sal colocar las alcachofas y hervir a fuego lento, durante 40 minutos o hasta que estén tiernas. Para comprobar que estén cocidas, quitar una hoja exterior —debe desprenderse con facilidad—. Retirar las alcachofas de la cacerola y dejar reposar durante 30 minutos para que se enfríen.

2   Para hacer la salsa, mezclar la crema agria, las cebollas de cambray, el vinagre y el ajo. Quitar el cono central de hojas de cada alcachofa, dejando una pared de hojas en el exterior, desechar las hojas del centro. Con una cucharita raspar el centro no comestible, dejar la parte comestible del corazón.

3   Colocar suficiente salsa en el centro de la alcachofa. Para servir colocar las alcachofas sobre los platos. Las hojas del exterior se remojan, una a una, en la salsa y se usan los dientes para raspar la parte comestible de las hojas, desechar el resto de la hoja. **Porciones 4**

TORTITAS DE CHUTNEY DE CEBOLLA MORADA

Ingredientes

675g de papas, peladas, cortadas en trozos del mismo tamaño

1 diente de ajo, pelado

125g de col, finamente picada

4 cebollas de cambray, finamente rebanadas

Sal de mar y pimienta negra recién molida

25g de mantequilla

1 cucharada de aceite de girasol

Chutney de cebolla

2 cebollas moradas grandes, o 6 pequeñas, finamente picadas

50g de azúcar morena

1 cucharada de vinagre de vino blanco

Preparación

1 En una cacerola colocar las papas y el ajo, cubrir con agua. Dejar que suelte el hervor, tapar y cocinar a fuego lento de 15 a 20 minutos, hasta que estén suaves. Colar, devolver a la cacerola y machacar hasta que se suavicen. Dejar enfriar.

2 Mientras, en otra cacerola colocar la col y cubrir al ras con agua hirviendo, dejar que suelte el hervor, colar. Agregar la col y las cebollas de cambray a la mezcla de las papas, sazonar y mezclar bien.

3 Para hacer el chutney, en una cacerola colocar todos los ingredientes y dejar que suelte el hervor. Cocinar a fuego lento, sin tapar, durante 20 minutos o hasta que casi todo el líquido se haya evaporado.

4 Con la mezcla de las papas hacer ocho tortitas redondas y planas. En una sartén derretir la mantequilla y freír las tortitas a fuego medio durante 5 minutos por un lado. Voltear cuidadosamente y freír durante 5 minutos más, hasta que estén doradas y bien calientes. Servir con el chutney. **Porciones 4**

DIP DE HIERBAS Y QUESO RICOTA CON TOSTADAS DE AJO

Ingredientes

6 aceitunas verdes, sin hueso, finamente picadas

1 cucharada de estragón fresco, picado

1 cucharada de cebollines frescos, picados

1 cucharada de menta fresca, picada

Ralladura fina de 1 limón amarillo

250g de queso ricota

Pimienta negra

4 cucharadas de puré de tomates deshidratados

1 pan baguete de 5 cereales, en rebanadas de 1cm de grosor

1 diente de ajo, en mitades

Preparación

1   Mezclar las aceitunas, el estragón, los cebollines, la menta y la ralladura de limón, después incorporar el queso ricota. Sazonar con pimienta y mezclar bien. Agregar sin integrar el puré de tomates a la mezcla de queso ricota para crear un efecto de mosaico, pasar a un plato para servir.

2   Precalentar la parrilla a intensidad alta. Tostar las rebanadas de pan de 1 a 2 minutos por lado hasta que estén doradas. Frotar las mitades de ajo en las rebanadas de pan y servir con el dip. **Porciones 4**

QUESO BRIE ASADO CON ENSALADA DE BETABEL

Ingredientes

1 aguacate

250g de betabel cocido, colado y picado

2 tallos de apio, rebanados

1 manzana roja, sin centro, picada

4 rebanadas de pan de caja blanco

125g de queso brie, en cuartos

120g de hojas mixtas para ensalada

Aderezo

3 cucharadas de aceite de oliva extra virgen

3 cucharadas de vinagre de sidra

1 diente de ajo, machacado

1 cebolla morada pequeña, finamente picada

1 cucharadita de puré de tomate

Sal de mar y pimienta negra recién molida

25g de piñones

Preparación

1   Pelar y rebanar el aguacate. En un tazón mezclar el aguacate, el betabel, el apio y la manzana. Tapar y reservar. Precalentar la parrilla a intensidad alta y tostar ligeramente el pan de 2 a 3 minutos por lado. Colocar una rebanada de queso brie sobre cada rebanada de pan y devolverlas a la parrilla. Calentar hasta que el queso se derrita y esté ligeramente dorado.

2   Para hacer el aderezo, en una cacerola pequeña colocar todos los ingredientes y dejar que suelte el hervor, cocinar a fuego lento de 2 a 3 minutos hasta que esté bien caliente.

3   Para servir repartir las hojas para ensalada en platos individuales, colocar encima la mezcla del betabel y colocar una rebanada de pan tostado en cada plato. Bañar con el aderezo caliente y servir de inmediato. **Porciones 4**

SUFLÉ DE BRÓCOLI CON PURÉ DE ACEITUNAS

Ingredientes

450g de brócoli, picado

1 taza de crema

4 huevos medianos, separados

Sal y pimienta negra

Puré de aceitunas

20 aceitunas negras, sin hueso

100ml de aceite de oliva

Ralladura y jugo de 1 limón amarillo

Preparación

1   Precalentar el horno a 220°C. Engrasar ligeramente con mantequilla 4 moldes individuales para horno. En una cacerola con un poco de agua hirviendo con sal cocer el brócoli durante 15 minutos hasta que esté tierno, colar bien. En un procesador de alimentos licuar el brócoli junto con la crema, las yemas de huevo y sazonar hasta formar un puré suave. Pasar la mezcla a un tazón grande.

2   Batir las claras de huevo hasta que aumenten 6 veces su tamaño y formen picos suaves. Con una cuchara grande de metal incorporar un tercio de las claras batidas al puré de brócoli. Incorporar suavemente el resto de las claras en dos tandas, mezclando bien.

3   Repartir la mezcla en los moldes individuales y hornear de 20 a 25 minutos hasta que suban y estén doradas. Mientras, en un procesador o con una batidora de mano batir las aceitunas, el aceite de oliva, la ralladura y el jugo de limón. Servir con los suflés. **Porciones 4**

ROULADE DE BERROS CON QUESO PARMESANO

Ingredientes

20g de queso parmesano, rallado

85g de berros, finamente picados, sin los tallos gruesos

4 huevos medianos, batidos

Sal y pimienta negra

Relleno

200g de queso suave o queso crema, a temperatura ambiente

3 cucharadas de leche

85g de berros, finamente picados, sin los tallos gruesos, unas cuantas ramitas extra para decorar

5 cebollas de cambray, finamente picadas

Sal y pimienta

Preparación

1 Precalentar el horno a 200°C. Engrasar ligeramente un molde para horno de 23 x 30 cm, forrar con papel para hornear, espolvorear la mitad del queso parmesano.

2 Mezclar los berros y los huevos, sazonar y verter en el molde. Hornear de 7 a 8 minutos hasta que los huevos se cuajen. Sacar del horno y dejar enfriar durante 5 minutos. Espolvorear el resto del parmesano. Colocar encima una hoja de papel para hornear y reservar durante 35 minutos o hasta que esté completamente frío.

3 Para hacer el relleno mezclar el queso suave con la leche, los berros, la cebolla y sazonar. Voltear el roulade frío sobre una tabla para picar. Retirar el papel superior, untar el relleno sobre la base. Enrollar por el lado más corto, quitar el papel conforme se avanza. Refrigerar durante 30 minutos, servir en rebanadas decoradas con berros. **Porciones 4**

TOMATES RELLENOS

Ingredientes

6 tomates bola medianos

¾ taza de arroz de grano largo

2 tazas de caldo de verduras

20g de mantequilla

1 cucharada de cebolla, picada

Sal y pimienta negra recién molida

1 cucharada de albahaca, picada

1 cucharada de perejil o perifollo, picado

Preparación

1 Cortar la parte superior de los tomates, sacar las semillas y ahuecar con una cucharita pequeña. Picar la pulpa del tomate. Colocar los tomates con el corte hacia abajo para eliminar el jugo.

2 Lavar y colar el arroz. En una cacerola calentar el caldo. En otra cacerola derretir la mantequilla y dorar las cebollas. Agregar el arroz y revolver de 3 a 4 minutos. Verter el caldo caliente, añadir la pulpa del tomate. Hervir a fuego lento hasta que el caldo se absorba. Verificar que el arroz esté suave, si no es así, cocer un poco más. Una vez que el caldo se haya absorbido y que el arroz esté cocido, retirar del fuego. Mover un poco el arroz. Sazonar con sal y pimienta al gusto y con las hierbas. Dejar enfriar y rellenar los tomates con la mezcla del arroz. Servir como primer tiempo o como plato fuerte ligero con ensalada verde.

3 Para servir calientes, colocar los tomates en un recipiente para horno engrasado, espolvorear un poco de queso encima y hornear a 190°C durante 20 minutos o hasta que estén bien calientes. **Porciones 6**

ROULADE DE BERROS CON QUESO PARMESANO

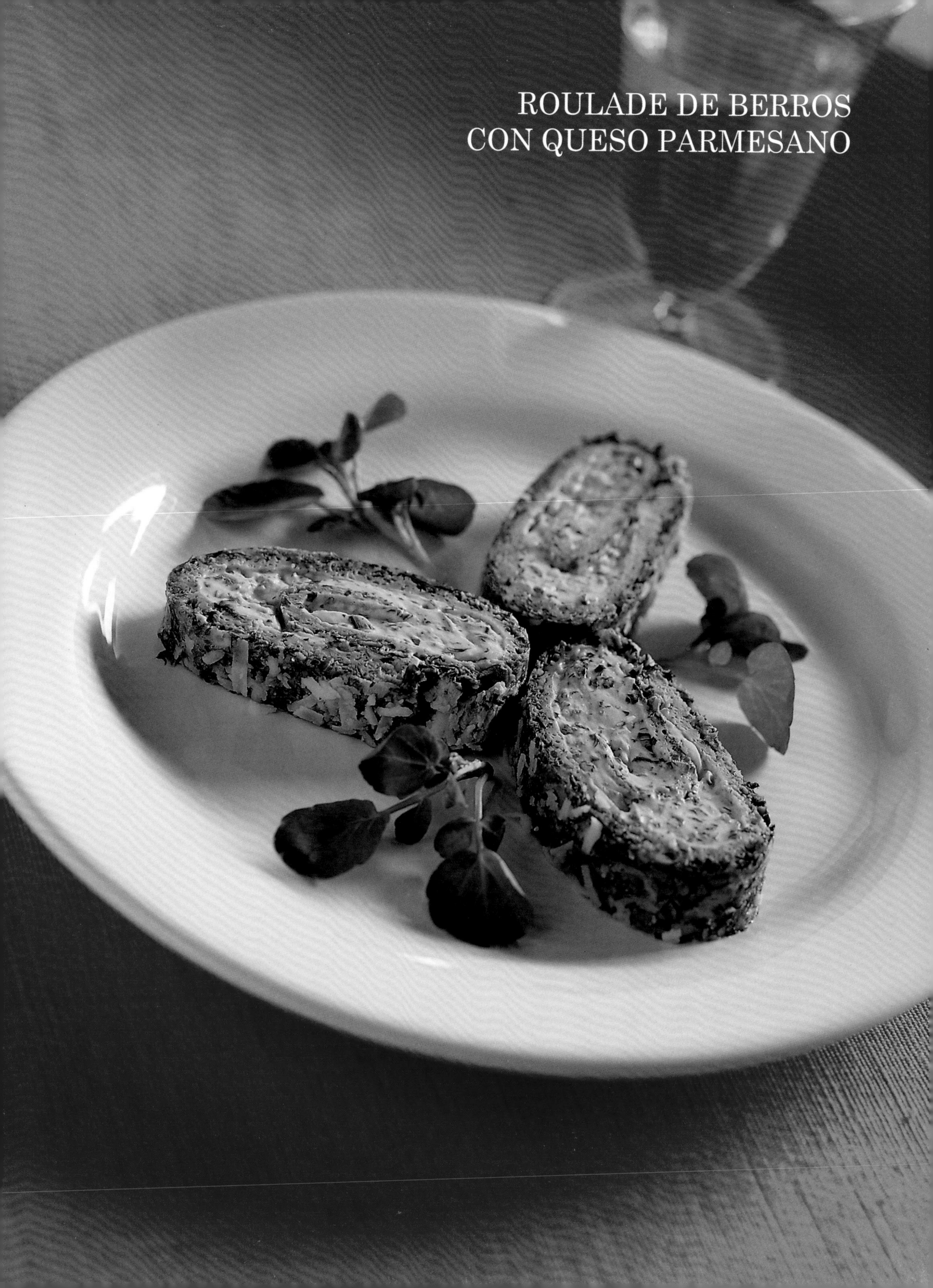

TERRINA DE VERDURAS VERDES CON SALSA

Ingredientes

100g de chícharos

100g de habas

125g de espárragos delgados, en trozos de 1cm

2 hojas de col de savoy, rebanadas

Aceite de girasol para engrasar

4 huevos grandes

1 diente de ajo, machacado

2 cucharaditas de cilantro, molido

350g de queso ricota

6 cucharadas de leche de coco

3 cucharadas de crema espesa

1 cucharada de cilantro fresco, picado

1 cucharada de albahaca fresca, picada, y extra para decorar

Sal y pimienta negra

Para la salsa

3 jitomates

1 aguacate maduro, picado

Ralladura y jugo de 1 limón verde

2 chalotes (parecido al ajo, pero con dientes más grandes), finamente picados

1 diente de ajo, machacado

1 chile, sin semillas, picado

Preparación

1 En una cacerola hervir agua con un poco de sal. Cocer los chícharos, las habas, los espárragos y la col durante 3 minutos para que se suavicen, refrescar bajo el chorro de agua fría, colar y reservar.

2 Precalentar el horno a 180°C. Engrasar con el aceite un refractario con capacidad para 450g, forrar con papel para hornear y engrasar de nuevo. Batir los huevos hasta que estén espumosos, incorporar el ajo, el cilantro molido, el queso ricota, la leche de coco y la crema. Añadir las verduras, después añadir el cilantro y la albahaca. Sazonar y verter la mezcla al refractario.

3 Colocar el refractario sobre una capa doble de periódico y ponerlo sobre una charola para rostizar. Verter agua hirviendo en la charola hasta que cubra la mitad del recipiente. Cocer de 50 a 55 minutos hasta que la mezcla esté firme. Dejar enfriar durante 1½ horas, retirar de la charola, tapar con papel aluminio y refrigerar durante 2 horas o durante toda la noche.

4 Para hacer la salsa, en un tazón colocar los jitomates, cubrir con agua hirviendo y dejar remojar durante 30 segundos. Retirar del tazón, pelar y quitar las semillas, picarlos. Mezclar los jitomates con el aguacate, la ralladura y el jugo de limón, los chalotes, el ajo y el chile, y sazonar. Voltear la terrina, decorar con la albahaca y servir con la salsa. **Porciones 6**

ACEITUNAS CON ESPECIAS

Ingredientes

500g de aceitunas verdes

1 ramita de orégano fresco

1 ramita de tomillo fresco

1 cucharadita de romero fresco, finamente picado

2 hojas de laurel

1 cucharadita de semillas de eneldo, machacadas

1 cucharadita de semillas de comino, finamente machacadas

1 chile rojo fresco, sin semillas, picado

4 dientes de ajo, machacados

Preparación

1 Con un cuchillo filoso hacer un corte a lo largo de cada aceituna para sacar el hueso. Colocar las aceitunas en un tazón, incorporar el orégano, el tomillo, el romero, las hojas de laurel, las semillas de hinojo, las semillas de comino, el chile y el ajo.

2 En un recipiente con tapa hermética colocar la mezcla de las aceitunas. Añadir suficiente hielo para cubrir las aceitunas, tapar bien y dejar reposar durante 3 días mínimo, agitar el recipiente ocasionalmente. **Porciones 6**

TERRINA DE PIMIENTOS DULCES CON VINAGRETA DE ALBAHACA

Ingredientes

Mantequilla para engrasar

2 pimientos rojos, en mitades, sin semillas

2 pimientos amarillos, en mitades, sin semillas

3 cucharadas de aceite de oliva

1 chile rojo, sin semillas, finamente rebanado

250g de queso ricota

125g de queso cheddar, rallado

1 cucharadita de mostaza de Dijon

1 cucharadita de sal

3 huevos medianos, batidos

Para la vinagreta

2 cucharadas de vinagre de vino blanco

2 cucharadas de aceite de oliva extra virgen

4 cucharadas de aceite de girasol

2 cebollas de cambray, finamente picadas

3 cucharadas de albahaca fresca, finamente picada

Sal y pimienta negra

Preparación

1 Precalentar el horno a 190°C. Engrasar con mantequilla un trozo grande de papel para hornear y forrar un recipiente para horno con capacidad para 450g, dejando papel suficiente para forrar por encima. Picar finamente una mitad de pimiento rojo y una mitad de pimiento amarillo, reservar. Picar grueso el resto de los pimientos.

2 En una sartén de base gruesa calentar el aceite, añadir los pimientos picados grueso y el chile, saltear tapado durante 20 minutos o hasta que estén suaves. En un procesador de alimentos licuar los pimientos y pasar por un colador. Mezclar el queso ricota, el cheddar, la mostaza, la sal y los huevos, añadir esta mezcla al puré y los pimientos picados. Verter en el recipiente forrado y cubrir con el resto del papel sin que toque el relleno. Colocar el recipiente sobre una charola para asar.

3 Verter en la charola suficiente agua hirviendo para cubrir la mitad del recipiente, cocer durante 1¼ horas, añadiendo más agua si fuera necesario. Dejar enfriar durante 2 horas, refrigerar durante 1 hora más. Voltear el recipiente sobre un plato y retirar el papel. Para hacer la vinagreta, mezclar bien todos los ingredientes. Servir la terrina en rebanadas y bañar con la vinagreta. **Porciones 4**

TZATZIKI

Ingredientes

185 de yogur griego

90g de pepino, rallado

1 cucharada de jugo de limón amarillo

1 diente de ajo, machacado

Sal y pimienta negra

1 cucharadita de menta, picada

Preparación

1 En un tazón mezclar todos los ingredientes. Cubrir el tazón con plástico adherente y refrigerar durante 1 hora mínimo para que suelten los sabores.

2 Servir como dip con pan pita o como salsa para acompañar. **Rinde 1 taza**

TEMPURA DE VERDURAS

Ingredientes

2 huevos

70g de harina común, cernida

225g de salsa de arándanos y
naranja

Aceite vegetal, para freír

1 calabacita italiana, en
rebanadas gruesas

1 cebolla morada, grande,
en gajos

225g de brócoli, en pequeños
racimos

1 pimiento rojo, sin semillas,
cortado en tiras

215g de ejotes

125g de espárragos

Sal de mar

Hojas de albahaca fresca,
para decorar

Preparación

1   Para hacer la masa, batir ligeramente los huevos con ¼ de taza de agua helada, verter a la harina y batir
    rápidamente, hasta obtener una masa suave.

2   En una cacerola pequeña calentar a fuego lento la salsa de arándanos y naranja hasta que esté caliente
    y ligera. Retirar del fuego y colocar en un tazón.

3   En un wok o sartén para freír calentar 5cm de aceite. Bañar las verduras en la masa y cubrir bien. Probar
    la temperatura del aceite, dejando caer un poco de masa, debe flotar de inmediato en la superficie.

4   Freír las verduras en tandas pequeñas de 3 a 4 minutos o hasta que estén crujientes y doradas. Sazonar
    con sal. Freír las hojas de albahaca durante 20 segundos, hasta que estén crujientes. Servir de inmediato
    las verduras con la salsa de arándanos y naranja. **Porciones 4**

TORTITAS FRITAS DE TOMATES DESHIDRATADOS Y QUESO

Ingredientes

75g de mantequilla

175g de harina común, cernida

½ cucharadita de sal

4 huevos medianos, batidos

175g de queso gruyer, rallado

Para el relleno

50g de tomates deshidratados
en aceite, colados

50g de mantequilla

Preparación

1   Precalentar el horno a 200°C. En una cacerola grande calentar a fuego lento la mantequilla y 225ml de agua durante 5 minutos o hasta que la mantequilla se derrita. Dejar que suelte el hervor, retirar del fuego e incorporar el harina y la sal. Batir con una cuchara de madera hasta que la mezcla forme una pelota suave.

2   Añadir gradualmente los huevos, batiendo bien, hasta que la masa tenga brillo. Incorporar el queso gruyer. Formar bolitas con aproximadamente 2 cucharadas de masa por bolita y colocarlas sobre una charola para horno forrada con papel encerado, cocer durante 20 minutos o hasta que suban y estén doradas. Apagar el horno. Hacer un corte a cada bolita para dejar escapar el vapor. Devolver las bolitas al horno apagado durante 5 minutos, sacarlas y dejarlas enfriar durante 5 minutos más.

3   Para hacer el relleno, en un procesador de alimentos colocar los tomates y la mantequilla, procesar hasta formar una pasta. Con una cucharita repartir la pasta entre las bolitas. **Rinde 16**

BRUSCHETTA DE TOMATES Y QUESO DE CABRA

Ingredientes

450g de tomates cherry maduros,
en su rama

2 cucharadas de aceite de oliva extra
virgen

1 diente de ajo, machacado

4 ramitas de tomillo fresco

4 rebanadas gruesas de baguetes,
cortadas en diagonal

4 cucharadas de tapenade preparada
(pasta para untar aceitunas negras y
anchoas)

100g de queso de cabra suave,
desmenuzado grueso

Hojas de albahaca fresca para decorar

Preparación

1   Precalentar el horno a 220°C. En una charola para horno colocar los tomates sin retirar la rama, bañar con el aceite. Rociar el ajo y las ramitas de tomillo. Hornear durante 15 minutos o hasta que los tomates estén suaves. Dividir los tomates en 4 porciones de aproximadamente el mismo tamaño sin separarlos de la rama.

2   Mientras, precalentar la parrilla a intensidad alta. Tostar el pan por ambos lados hasta que esté dorado. Untar cada rebanada con 1 cucharada de tapenade, añadir unos cuantos trozos del queso de cabra y colocar encima los tomates en la rama. Bañar con el jugo de la charola para hornear y espolvorear con las hojas de albahaca. **Porciones 4**

MUFFINS CON HIERBAS Y HONGOS MIXTOS

Ingredientes

500g de hongos mixtos, como hongos shiitake, silvestres y ostras

2 cucharadas de aceite de oliva

Sal y pimienta negra

25g de mantequilla

1 diente de ajo

3 cucharadas de perejil fresco, picado

3 cucharadas de cebollín, picado, y cebollines enteros para decorar

2 cucharaditas de vinagre de jerez o vinagre balsámico

4 cucharadas de queso suave (queso crema)

3 muffins ingleses

Preparación

1 Cortar por la mitad los hongos grandes. En una sartén de base gruesa calentar 2 cucharaditas del aceite, añadir los hongos, sazonar ligeramente y saltear a fuego alto durante 5 minutos o hasta que comiencen a soltar jugo.

2 Retirar los hongos y dejar escurrir sobre papel absorbente, reservar. Añadir el resto del aceite a la sartén y la mitad de la mantequilla, calentar hasta que la mantequilla se derrita. Agregar el ajo y saltear durante 1 minuto.

3 Regresar los hongos a la sartén, saltear a fuego alto durante 5 minutos o hasta que estén suaves y comiencen a tostarse. Agregar el resto de la mantequilla y 2 cucharadas de perejil y de cebollín, verter el vinagre y sazonar.

4 Mezclar el queso suave con el resto del perejil y del cebollín. Cortar los muffins a la mitad y tostarlos. Untar la mezcla del queso sobre los medios muffins y colocar en platos para servir. Colocar encima los hongos y decorar con los cebollines enteros. **Porciones 6**

HUMUS CON CRUDITÉS DE VERDURAS

Ingredientes

400g de garbanzos de lata, colados, enjuagados

Jugo de 1 limón amarillo

3 cucharadas de aceite de oliva extra virgen

2 cucharadas de tahini (puré de ajonjolí)

1 diente de ajo, machacado

½ cucharadita de cilantro molido

½ cucharadita de comino molido

Pimienta negra

500g de verduras mixtas como pimientos, zanahorias, calabacitas italianas, coliflor, brócoli, champiñones, rábanos, espárragos baby y cebollas de cambray

Preparación

1 En un procesador de alimentos (o una batidora de mano) licuar los garbanzos, el jugo de limón, el aceite de oliva, la tahini, el ajo, el cilantro, el comino y la pimienta negra hasta que formen una pasta gruesa.

2 Cortar el pimiento, la zanahoria y la calabacita italiana en tiras; la coliflor y el brócoli en racimos. Limpiar los champiñones, cortar los rábanos, los espárragos y las cebollas de cambray. Acomodar las verduras en un platón para servir. Colocar el humus en un recipiente para servir y acompañar con las crudités. **Porciones 4**

TOSTADAS DE CHALOTES CARAMELIZADOS CON ESPÁRRAGOS

Ingredientes

3 cucharadas de aceite de oliva

300g de chalotes (parecidos al ajo, pero con dientes más grandes), en rebanadas gruesas

2 dientes de ajo, en rebanadas gruesas

1 chile rojo, sin semillas, rebanado (opcional)

1½ cucharadas de azúcar morena

2 cucharadas de salsa de soya oscura

1 cucharada de vinagre de vino blanco o de sidra

150ml de vino blanco

100g de puntas de espárragos

4 jitomates Saladet

Jugo de ½ limón amarillo

12 rebanadas gruesas baguetes

Perejil de hoja plana o cilantro para decorar

Preparación

1 En un wok o sartén grande de base gruesa calentar el aceite. Añadir los chalotes, el ajo y el chile y saltear revolviendo de 4 a 5 minutos hasta que comiencen a cambiar de color. Añadir el azúcar y la salsa de soya, saltear revolviendo de 3 a 4 minutos hasta que los chalotes tengan un color café parejo.

2 Verter el vinagre y el vino en el wok y dejar que suelte el hervor. Reducir el fuego y cocinar a fuego lento, sin tapar, durante 8 minutos o hasta que los chalotes estén suaves y el líquido esté espeso y brillante. Añadir las puntas de los espárragos, tapar y cocinar de 4 a 5 minutos hasta que estén suaves, revolver ocasionalmente.

3 En un tazón colocar los jitomates y cubrir con agua hirviendo. Dejar reposar durante 30 segundos, pelar, quitar las semillas y picar. Añadir el jitomate a la sartén con el jugo de limón, revolver y calentar de 1 a 2 minutos.

4 Mientras, precalentar la parrilla a intensidad alta. Tostar el pan por ambos lados. Servir los panes con la mezcla de las verduras encima y decorar con el perejil o cilantro. **Porciones 6**

HUMUS CON CRUDITÉS DE VERDURAS

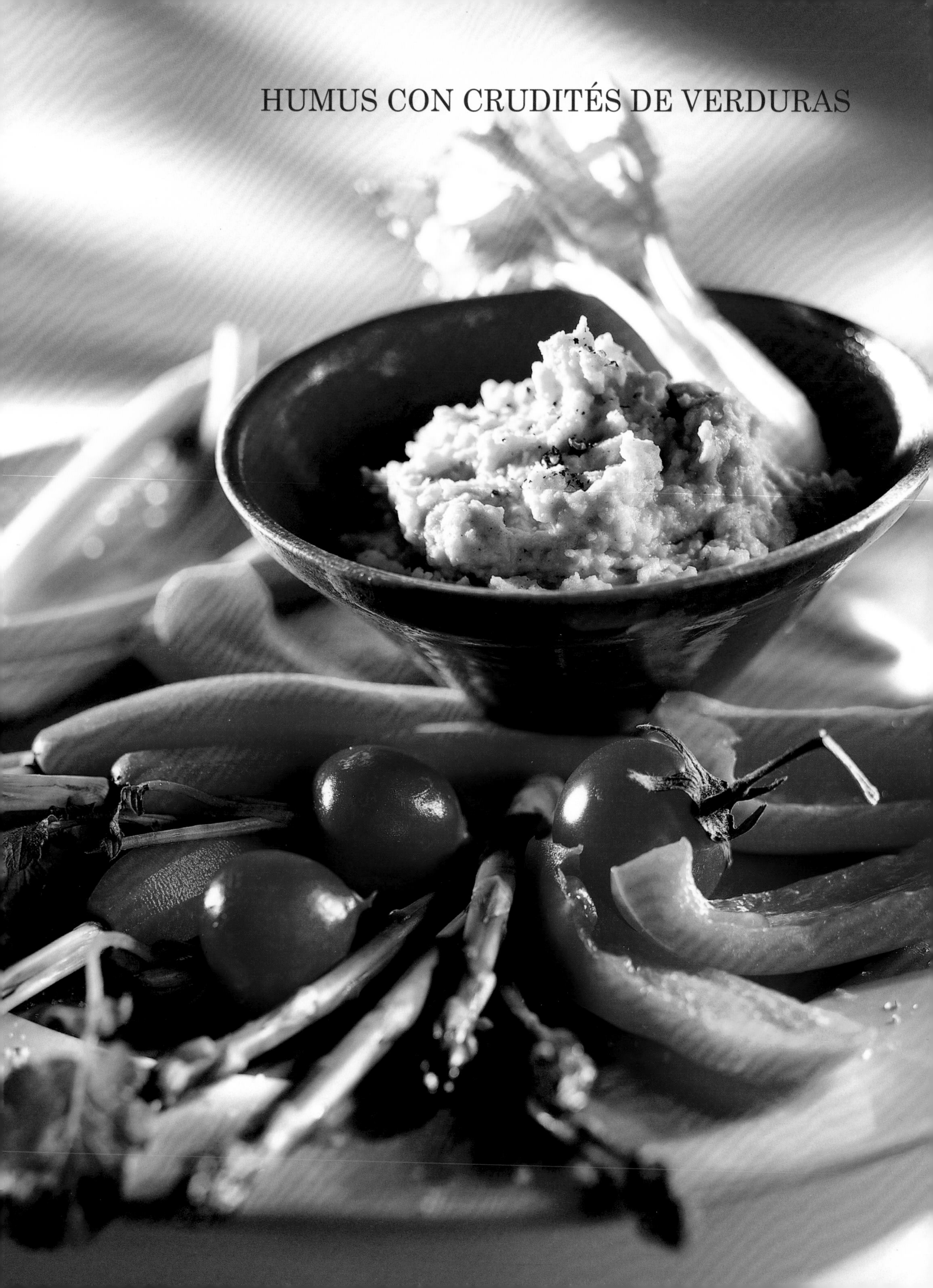

PIZZA DE PAN PITA CON ESPINACAS Y QUESO DE CABRA

Ingredientes

125g de tomates deshidratados en aceite, colados y 2 cucharadas de aceite del frasco

2 cucharadas de pasta de tomate

1 diente de ajo, picado grueso

2 cucharaditas de tomillo fresco, finamente picado

250g de espinacas baby

6 panes pita pequeños

6 tomates cherry, en cuartos

100g de queso de cabra, rebanado

1 cucharada de semillas de ajonjolí

Preparación

1   Precalentar el horno a 230°C. En un procesador de alimentos o con una batidora de mano licuar los tomates deshidratados, la pasta de tomate y el ajo hasta formar un puré. Incorporar el tomillo.

2   En una cacerola hervir agua, sumergir las espinacas, sacarlas y refrescarlas en un tazón con agua fría. Colar y verter encima el aceite de los tomates deshidratados.

3   Untar el puré de tomates y ajo sobre los panes pita y colocar la espinaca encima. Repartir los tomates cherry, el queso y las semillas de ajonjolí. Hornear durante 10 minutos o hasta que el queso se derrita un poco y comience a dorar. **Porciones 4**

CROQUETAS DE PAPA Y PEREJIL

Ingredientes

½ taza de arroz de grano largo

2 papas grandes, en trozos

Sal y pimienta negra

2 cebollas moradas, finamente picadas

1 diente de ajo, machacado

4 cucharadas de perejil fresco, picado

6 cucharadas de semillas de ajonjolí

Aceite de girasol para freír

Preparación

1   En una cacerola mezclar el arroz con ¾ de taza de agua. Dejar que suelte el hervor, reducir a fuego lento, tapar y cocer durante 15 minutos. Retirar la cacerola del fuego y esparcir el arroz sobre un plato, dejar reposar durante 1 hora o hasta que se enfríe por completo, revolver con un tenedor ocasionalmente.

2   Mientras, en una cacerola grande poner a hervir agua con sal, colocar las papas, cocer a fuego lento de 15 a 20 minutos, hasta que estén suaves. Colar y machacar. En un tazón grande colocar las papas machacadas y el arroz frío, sazonar, añadir las cebollas, el ajo y el perejil. Mezclar bien.

3   Hacer 8 croquetas con la mezcla, revolcar las croquetas sobre las semillas de ajonjolí. En una sartén grande de base gruesa calentar 1cm de aceite, freír las croquetas de 2 a 3 minutos, hasta que estén crujientes y tengan un color dorado uniforme. **Porciones 4**

TORTITAS DE CALABACITA ITALIANA CON PURÉ DE PIMIENTO ROJO

Ingredientes

3 calabacitas italianas, ralladas

Sal

4 cucharadas de cebollín fresco, picado, y extra para decorar

2 cucharadas de cilantro fresco, picado, y hojas extra para decorar

¼ taza de nuez moscada, rallada

1 cebolla de cambray, finamente picada, para decorar

Para el puré

3 cucharadas de aceite de oliva

3 pimientos rojos, sin semillas, picados

Sal y pimienta negra

Preparación

1 Espolvorear las calabacitas con sal, colocar en un colador y reservar durante 30 minutos para eliminar el exceso de humedad. Enjuagar bajo el chorro de agua fría, secar con papel absorbente y mezclar con el cebollín, el cilantro y la nuez moscada. Colocar la mezcla en 4 moldes —llenar hasta la mitad—. Refrigerar durante 1 hora o durante toda la noche.

2 Para hacer el puré, en una cacerola colocar el aceite, añadir el pimiento y sazonar. Saltear tapado a fuego lento durante 15 minutos. Dejar enfriar unos minutos. En un procesador de alimentos licuar la mezcla hasta formar un puré. Pasar el puré por un colador para retirar la piel.

3 Para servir, voltear cada molde sobre un plato y desmoldar, colocar la salsa alrededor. Decorar con los cebollines, el cilantro y la cebolla. **Porciones 4**

RUEDAS CATHERINE

Ingredientes

400g de pasta de hojaldre

Harina común para espolvorear

100g de queso cheddar añejo

2 cucharadas de queso parmesano recién rallado

2 cucharadas de puré de tomate

2 cucharadas de pesto (salsa preparada con ajo, albahaca, piñones y aceite de oliva)

1 huevo mediano, batido, para glasear

Aceite vegetal para engrasar

Preparación

1 Precalentar el horno a 190°C. Sobre una superficie enharinada extender la pasta hasta obtener 2 rectángulos de 20 x 25cm. Mezclar el queso cheddar con el parmesano, reservar.

2 Sobre un rectángulo de masa untar el puré de tomate. Colocar el otro rectángulo encima y untar el pesto, espolvorear el queso. Enrollar la pasta a lo largo con el relleno por dentro. Barnizar el rollo con el huevo y refrigerar durante 20 minutos.

3 Cortar el rollo en rebanadas de 1cm de ancho y colocarlas sobre una charola engrasada. Hornear durante 20 minutos o hasta que estén doradas. Dejar enfriar ligeramente sobre rejillas. **Rinde 10**

RAITA ASADA DE PIMIENTOS ROJOS

Ingredientes

2 pimientos rojos

2 cucharaditas de semillas de comino

200g de yogur griego

2 cucharadas de menta fresca, finamente picada

Sal y pimienta negra

1 cucharadita de paprika para decorar

Preparación

1   Precalentar la parrilla a intensidad alta. Cortar los pimientos en cuartos a lo largo, quitar las semillas y asar, con la piel hacia arriba, durante 10 minutos o hasta que la piel se ponga negra y se hinche. Meter a una bolsa de plástico y dejar enfriar durante 10 minutos.

2   Mientras, precalentar un wok y asar las semillas de comino a fuego alto, revolviendo constantemente, durante 30 segundos o hasta que comiencen a reventar. Retirar la piel de los pimientos y picarlos.

3   Mezclar el pimiento con el yogur, las semillas de comino y la menta, sazonar al gusto. Pasar a un plato para servir y decorar con la paprika. **Porciones 4**

TOMATES RELLENOS CON GARBANZOS Y CILANTRO

Ingredientes

2 rebanadas de pan integral comprado 2 días antes

4 tomates bola

1 diente de ajo, machacado

100g de garbanzos de lata, colados

Jugo de 1 limón amarillo

1 cucharada de aceite de oliva, y extra para engrasar

1 cebolla morada, finamente picada

¾ de cucharadita de pimienta de Cayena

1 cucharada de comino molido

1 cucharadita de cilantro molido

4 cucharadas de cilantro fresco, picado

Sal y pimienta negra

Preparación

1 Precalentar el horno a 160°C. Hornear el pan durante 20 minutos o hasta que esté crujiente. En un procesador de alimentos colocar el pan y procesar para molerlo. Alternativamente usar un rallador. Aumentar la temperatura del horno a 200°C.

2 Rebanar la parte superior de los tomates y sacar el interior con una cuchara. Colocar los tomates con el agujero hacia abajo sobre papel absorbente para que se escurran. Poner la pulpa del tomate y las partes superiores en un procesador junto con el ajo, los garbanzos y el jugo de limón, procesar hasta formar un puré.

3 En una sartén calentar el aceite, saltear las cebollas con la pimienta de Cayena, el comino y el cilantro molido de 4 a 5 minutos, hasta que estén suaves. Incorporar a la mezcla del tomate, con el pan molido, el cilantro fresco y sazonar.

4 Colocar la mezcla dentro de los tomates ahuecados. Acomodarlos sobre una charola engrasada y hornear durante 25 minutos o hasta que los tomates estén tiernos. **Porciones 4**

TRES TIPOS DE TOFU FRITO

Ingredientes

1 bloque de tofu, cortado (queso soya) en 12 cuadros

Arrurruz (harina extraída de la raíz de la Maranta)

3 cucharaditas de alga marina en polvo

3 cucharaditas de semillas de ajonjolí negro

400ml de udonji

Cebollín

Preparación

1 Enharinar los cubos de tofu en la arrurruz. Freír con suficiente aceite de 3 a 4 minutos.

2 Revolcar 4 cubos de tofu en el alga en polvo y 4 cubos en las semillas de ajonjolí.

3 En cada plato para servir colocar un cubo de tofu de alga, uno de ajonjolí y uno natural.

4 Verter 100ml de udonji en cada plato. Decorar con el cebollín y servir. **Porciones 4**

PUDÍN DE PAPA Y CHIRIVÍA CON SALSA DE MANZANA

Ingredientes

350g de papas, peladas y ralladas grueso

150g de chirivías, peladas y ralladas grueso (raíz de mucho sabor parecida a la zanahoria)

1 cebolla, finamente rallada

1 cucharada de salvia fresca, finamente picada

1 huevo mediano, ligeramente batido

4 cucharadas de pan rallado seco

Sal y pimienta negra

2 cucharadas de aceite de oliva

Para la salsa

300g de manzanas, peladas, sin centro, picadas

Ralladura y jugo de ½ limón amarillo

2 cucharadas de azúcar o miel clara

1 cucharada de salvia fresca, finamente picada

3–4 cucharadas de crema agria

Preparación

1. Para hacer el pudín, en un tazón grande colocar las papas, las chirivías, la cebolla, la salvia, el huevo, el pan rallado y sazonar, mezclar bien. Tapar y refrigerar durante 20 minutos.

2. Mientras, precalentar el horno a 200°C. Para hacer la salsa, en una cacerola de base gruesa con 2 cucharadas de agua colocar las manzanas, la ralladura y el jugo de limón y el azúcar o miel. Dejar que suelte el hervor, tapar y cocinar a fuego lento de 8 a 10 minutos hasta obtener un puré que conserve trozos de manzana. Retirar del fuego y revolver durante 1 minuto hasta que esponje. Agregar la salvia y la crema agria.

3. Barnizar 6 moldes individuales con 1 cucharada del aceite. Repartir la mezcla del pudín en los moldes, barnizar la parte superior con la mitad del resto del aceite y hornear durante 15 minutos. Retirar del horno, barnizar con el resto del aceite y hornear durante 5 minutos más o hasta que doren. Servir con la salsa de manzana. **Porciones 6**

PASTELES DE HINOJO Y CALABACITAS ITALIANAS

Ingredientes

⅔ taza de harina común

1 huevo, separado

1 cucharada de aceite de oliva

¼ cucharadita de sal y pimienta negra
recién molida

250g de bulbos de hinojo

250g de calabacitas italianas

1 cucharada de menta, picada

Aceite para freír

Yogur natural con ajo

Preparación

1 En un tazón cernir la harina para hacer una fuente. Colocar la yema de huevo, el aceite y ⅓ de taza de agua fría en el centro de la fuente. Mezclar e incorporar la harina gradualmente hasta formar una masa suave. Sazonar con sal y pimienta, tapar y dejar reposar durante 30 minutos en un lugar fresco.

2 Rallar el hinojo y la calabacita. Incorporar a la masa junto con la menta picada. Batir la clara de huevo hasta que se formen picos suaves, incorporar poco a poco a la masa.

3 Freír cucharaditas de masa en un poco de aceite, en tandas, hasta que doren por ambos lados y el centro esté cocido. Escurrir sobre papel absorbente.

4 Servir calientes con yogur natural con ajo. **Porciones 6**

DIP DE BERENJENA ASADA CON AJO

Ingredientes

1 berenjena grande

5 dientes de ajo, tostados

1 cucharada de tahini (puré de ajonjolí)

1 cucharada de jugo de limón amarillo

1 cucharada de aceite de oliva

Sal y pimienta negra

Preparación

1 Precalentar el horno a 200°C.

2 En una charola para hornear colocar la berenjena, bañar con el aceite de oliva y hornear durante 20 minutos. Retirar del horno, sacar la pulpa de la berenjena. En un procesador de alimentos colocar la pulpa de la berenjena y el ajo tostado.

3 Procesar hasta obtener un puré, añadir la tahini, el jugo de limón y el aceite de oliva, procesar unos segundos más, hasta que se incorporen todos los ingredientes.

4 Sazonar al gusto con sal y pimienta, servir con pan. **Rinde 2 tazas**

PASTELES DE HINOJO Y CALABACITAS ITALIANAS

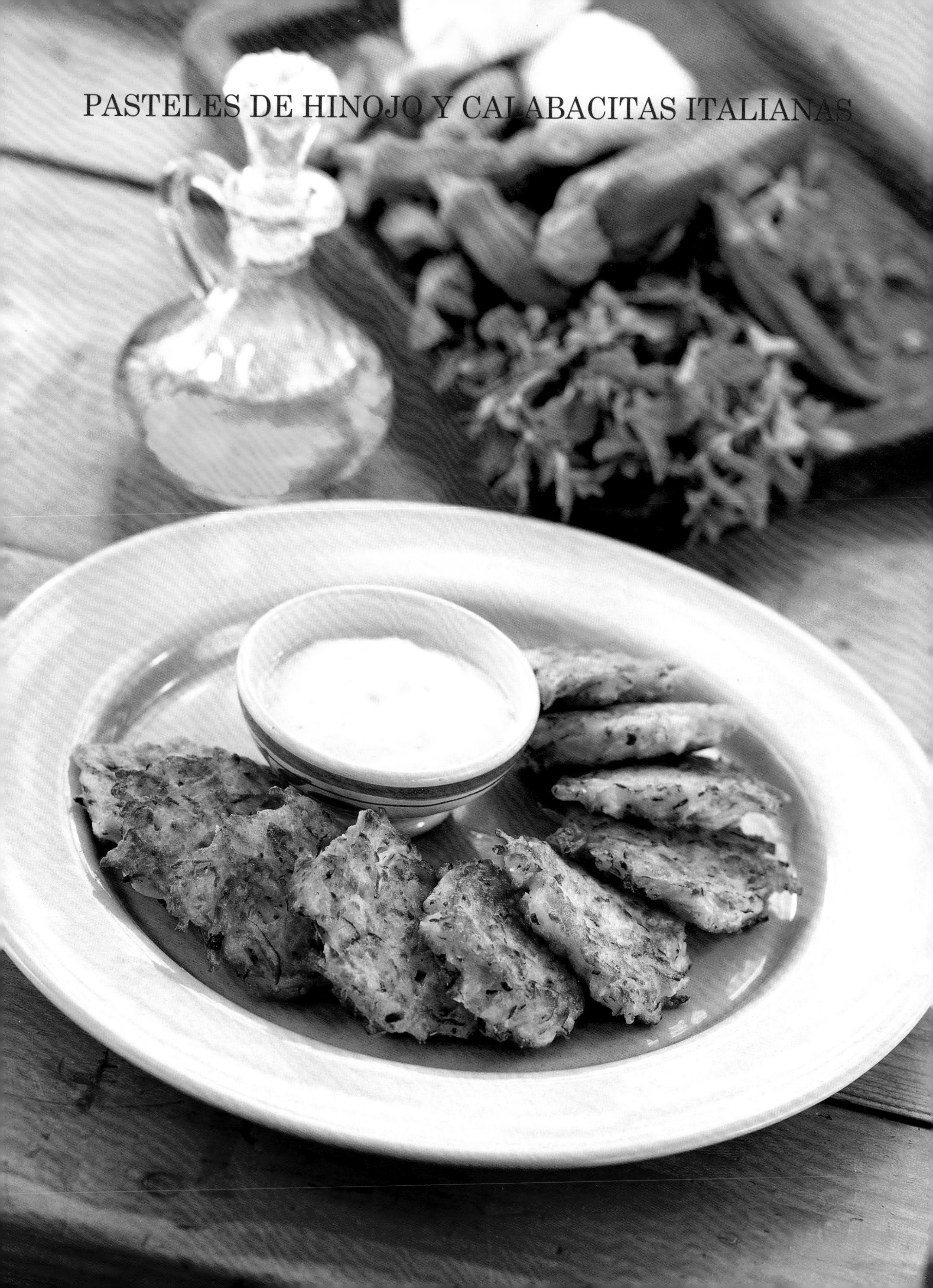

BHAJIS DE VERDURAS

Ingredientes

10 chalotes (parecidos al ajo, pero con dientes más grandes), finamente picados

2 calabacitas italianas, ralladas

1 berenjena, finamente picada

Aceite vegetal para freír

Para la masa

100g de harina de garbanzo

50g de arroz molido

¼ cucharadita de royal

1 cucharadita de chile en polvo

1 cucharadita de cúrcuma (condimento parecido al azafrán y al jengibre)

1-2 cucharadas de curry en polvo

1 cucharadita de sal

Preparación

1   Para hacer la masa, en un tazón colocar todos los ingredientes, añadir gradualmente 225ml de agua, revolviendo constantemente hasta incorporar bien. Agregar los chalotes, las calabacitas y la berenjena a la masa, mezclar.

2   En un wok verter 5cm de aceite y calentar a fuego medio-alto. El aceite estará suficientemente caliente si al sumergir un trozo pequeño de verdura comienza a burbujear. Colocar con cuidado 4 bolitas de la mezcla, de aproximadamente 2 cucharadas cada una, en el aceite caliente y freír de 2 a 3 minutos, hasta que estén doradas. Voltear y cocer de 2 a 3 minutos más hasta que estén crujientes.

3   Retirar las bhajis con una cuchara coladora y escurrir sobre papel absorbente. Freír el resto de las bhajis de la misma manera. **Porciones 4**

MOUSSE DE JITOMATE

Ingredientes

1kg de jitomates maduros

1 cucharada de pasta de tomate

Sal y pimienta negra recién molida

1 taza de crema

1 sobre de grenetina

2 cucharadas de cebollín, picado

1 cucharada de albahaca, finamente picada

Ramitas de albahaca fresca o berros y tomates cherry para decorar

Preparación

1   Escaldar los jitomates, colocarlos y sumergirlos en agua fría, quitarles la piel. Cortar en mitades, sacar las semillas y pasar por un colador. En un procesador de alimentos colocar el jugo colado del jitomate y las mitades, la pasta de tomate, sal y pimienta. Procesar hasta que la mezcla esté suave.

2   En una sartén pequeña poner la grenetina en ½ taza de agua a fuego lento hasta que se disuelva. Verter de una sola vez a la mezcla del jitomate y refrigerar hasta que se enfríe bien. Revolver de vez en cuando y retirar del refrigerador justo antes de que cuaje. Batir la crema en incorporar a la mezcla del jitomate con las hierbas. Repartir la mezcla en 6 moldes ligeramente engrasados y refrigerarlos de inmediato para que cuajen. Desmoldar sobre platos para servir, decorar con la albahaca o los berros y los tomates cherry con un poco de aderezo. **Porciones 6**

CEBOLLAS HORNEADAS CON CHAMPIÑONES Y PIÑONES

Ingredientes

2 rebanadas de pan integral

4 cebollas grandes

2 cucharadas de aceite de oliva

2 dientes de ajo, machacados

2 cucharadas de piñones

200g de champiñones, finamente picados

4 cucharadas de perejil fresco, picado

Sal y pimienta negra

Preparación

1 Precalentar el horno a 160°C. Hornear el pan durante 20 minutos o hasta que este crujiente. En un procesador de alimentos colocar el pan y procesar para molerlo. También se puede usar un rallador.

2 Mientras rebanar la parte superior e inferior de las cebollas. En una cacerola colocar las cebollas, cubrir con agua y dejar que suelte el hervor. Cocer durante 10 minutos para que se suavicen. Colar y dejar enfriar durante 20 minutos.

3 Aumentar la intensidad del horno a 200°C. Sacar el relleno de cada cebolla dejando la capa externa intacta, picar finamente el relleno. En una sartén calentar el aceite, saltear el ajo y la cebolla picada durante 5 minutos. Añadir los piñones y los champiñones y saltear durante 5 minutos más. Retirar del fuego e incorporar el pan molido, el perejil y sazonar. Rellenar las cebollas con la mezcla, envolver cada cebolla en papel aluminio, dejando abierta la parte superior. Colocar sobre una charola y hornear durante 40 minutos o hasta que las cebollas estén tiernas. **Porciones 4**

cocina selecta

sopas

GAZPACHO DE AGUACATE

Ingredientes

2 aguacates maduros grandes, pelados y picados

Ralladura y jugo de 1 limón amarillo

600ml de caldo de verduras

2 jitomates Saladet

1 pepino, picado

1 pimiento verde y 1 pimiento rojo, sin semillas, picado

1 diente de ajo, machacado

Sal y pimienta negra

4 cucharadas de cebollín, picado

Preparación

1   En un procesador de alimentos colocar los aguacates, la ralladura y el jugo de limón y el caldo, licuar hasta formar un puré ligero. Verter en un tazón grande y reservar.

2   En un tazón colocar los jitomates, cubrir con agua hirviendo y dejar reposar durante 30 segundos. Retirar del tazón, pelar, quitar las semillas y picarlos. Reservar un poco del jitomate picado y del pepino para decorar. En un procesador de alimentos colocar el resto de los jitomates y del pepino junto con los pimientos, el ajo y sazonar, licuar hasta formar un puré. Se puede usar una licuadora.

3   Agregar la mezcla del jitomate al puré de aguacate, mezclar bien. Tapar y refrigerar durante 1 hora. Servir decorado con el cebollín y el resto del jitomate y el pepino. **Porciones 4**

SOPA DE JITOMATE, LENTEJAS Y ALBAHACA

Ingredientes

75g de lentejas

1kg de jitomates Saladet

1 cucharada de aceite de oliva

2 cebollas, picadas

2 cucharadas de puré de tomates deshidratados

750ml de caldo de verduras

1 hoja de laurel

Pimienta negra

3 cucharadas de albahaca fresca, picada y hojas extra para decorar

Preparación

1   Enjuagar las lentejas, colarlas y ponerlas en una cacerola grande con agua hirviendo. Cocinar a fuego lento, tapadas, durante 25 minutos o hasta que estén suaves. Colar, enjuagar y reservar.

2   Mientras, colocar los jitomates en un tazón, cubrir con agua hirviendo, dejar reposar durante 30 segundos, colar. Retirar la piel, quitar las semillas y picar. En una sartén grande calentar el aceite, añadir las cebollas y saltear durante 10 minutos o hasta que estén suaves, revolver ocasionalmente. Agregar los jitomates, el puré de tomate, el caldo, la hoja de laurel y la pimienta negra. Dejar que suelte el hervor y cocinar a fuego lento, tapada, durante 25 minutos o hasta que las verduras estén cocidas.

3   Retirar la sartén del fuego y dejar enfriar durante unos minutos. Desechar la hoja de laurel. En un procesador de alimentos licuar la sopa hasta obtener un puré. Colocar en una cacerola limpia, incorporar las lentejas y la albahaca picada, recalentar ligeramente. Servir decorada con albahaca fresca. **Porciones 4**

GAZPACHO DE AGUACATE

SOPA DE BERROS

Ingredientes

1 cucharada de aceite de girasol

4 chalotes (parecido al ajo, pero con dientes más grandes), finamente picados

1 poro, finamente rebanado

225g de papas, picadas

225g de berros, picados

450ml de caldo de verduras

450ml de leche

Pimienta negra

Preparación

1 En una cacerola grande calentar el aceite, colocar los chalotes y el poro, saltear ligeramente durante 5 minutos o hasta que estén suaves, revolver ocasionalmente. Añadir las papas y los berros a la mezcla del chalote y saltear, revolviendo ocasionalmente durante 3 minutos más o hasta que el berro se marchite.

2 Verter el caldo, la leche y sazonar con pimienta negra. Dejar que suelte el hervor, cocinar a fuego lento, tapada, durante 20 minutos, revolviendo ocasionalmente, o hasta que las papas estén cocidas y suaves.

3 Retirar la cacerola del fuego y dejar enfriar durante unos minutos. En un procesador de alimentos licuar la sopa hasta que esté suave. Recalentar a fuego lento en una cacerola limpia hasta que hierva. Servir decorada con pimienta negra molida. **Porciones 4**

SOPA DE CHÍCHAROS Y MENTA FRESCA

Ingredientes

50g de mantequilla

1 manojo de cebollas de cambray, picadas

1 cubito de caldo de champiñón, (o pollo) desmenuzado

450g de chícharos frescos sin vaina, o congelados

2 lechugas pequeñas

Sal y pimienta negra

2 cucharadas de menta fresca, picada

½ taza de crema espesa

Pizca de azúcar extrafina (opcional)

Jugo de limón amarillo, fresco (opcional)

Crema espesa para servir y cebollín fresco picado para decorar

Preparación

1 En una sartén grande de base gruesa derretir la mantequilla. Añadir las cebollas de cambray y el cubito de caldo, tapar y saltear a fuego lento durante 2 minutos.

2 Agregar los chícharos, la lechuga y 900ml de agua. Sazonar bien, dejar que suelte el hervor y cocinar a fuego lento durante 10 minutos o hasta que las verduras estén tiernas. Con un procesador de alimentos o batidora de mano hacer un puré con la menta y la crema hasta que la mezcla esté suave.

3 Regresar la sopa a la sartén. Sazonar de nuevo si es necesario, agregar el azúcar y el jugo de limón amarillo. Recalentar ligeramente y no dejar que hierva. Servir en platones hondos con una cucharada de crema y cebollines. **Porciones 4**

SOPA DE COMINO Y ZANAHORIA

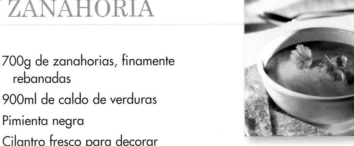

Ingredientes

1 cucharada de aceite de oliva

1 cebolla grande, picada

1 diente de ajo, picado

3 tallos de apio, picados

1 cucharada de comino, molido

700g de zanahorias, finamente rebanadas

900ml de caldo de verduras

Pimienta negra

Cilantro fresco para decorar

Preparación

1 En una sartén grande calentar el aceite, añadir la cebolla, el ajo y el apio, saltear ligeramente durante 5 minutos o hasta que estén suaves, revolver ocasionalmente. Agregar el comino y saltear, revolviendo, durante 1 minuto para que suelte el sabor.

2 Agregar las zanahorias, el caldo y la pimienta negra a la mezcla de la cebolla, revolver para incorporar. Dejar que suelte el hervor y cocinar a fuego lento, tapada, revolver ocasionalmente, de 30 a 35 minutos, hasta que las verduras estén tiernas.

3 Retirar la sartén de fuego y dejar enfriar unos minutos. En un procesador de alimentos licuar la sopa. Regresar a la sartén y calentar ligeramente, servir decorada con el cilantro fresco. **Porciones 4**

SOPA DE ESPINACAS Y NUEZ MOSCADA CON TOSTADAS DE QUESO

Ingredientes

2 cucharadas de aceite de oliva

25g de mantequilla

250g de papas, peladas y cortadas en cubos de 2.5cm

250g de hojas de espinaca

1 cucharadita de nuez moscada, recién rallada

6 tazas de caldo de verduras

Sal y pimienta negra

4 cucharadas de crème fraîche o crema fresca

100g de queso gruyer o cheddar, rallado

1 huevo grande, batido

1 barra de pan baguette, delgada, cortada diagonalmente en 18 rebanadas de 1cm de ancho

Preparación

1 En una cacerola grade calentar el aceite y la mitad de la mantequilla. Freír las papas durante 1 minuto, añadir las espinacas y la nuez moscada. Freír durante 2 minutos más o hasta que las espinacas comiencen a marchitarse.

2 Agregar el caldo a la mezcla de las papas y las espinacas, sazonar ligeramente y dejar que suelte el hervor. Reducir el fuego, tapar y cocinar a fuego lento de 10 a 15 minutos, hasta que las papas estén suaves. Dejar enfriar durante 10 minutos.

3 Verter la sopa a un procesador de alimentos y licuar hasta que esté suave. Se puede usar una batidora de mano. Incorporar la mitad de la crème fraîche, sazonar al gusto. Reservar.

4 Precalentar la parrilla. Mezclar el queso rallado con el huevo y el resto de la crème fraîche. Tostar ligeramente las rebanadas de pan, esparcir la mezcla del queso sobre un lado de cada rebanada. Colocar un poco de mantequilla y sazonar con pimienta negra. Tostar durante 5 minutos o hasta que el queso esté dorado y burbujee. Calentar la sopa y servir con las tostadas de queso encima. **Porciones 6**

SOPA DE VERDURAS MIXTAS Y EJOTES

Ingredientes

2 cucharadas de aceite de oliva

1 cebolla, finamente picada

2 dientes de ajo, machacados

1 papa, picada

1 zanahoria, picada

2 cucharaditas de semillas de comino

900ml de caldo de verduras

2 tallos de apio, finamente picados

1 calabacita italiana, finamente picada

125g de ejotes, en trozos de 2.5cm

420g de alubias de lata, coladas

400g de tomates de lata, picados

Pimienta negra

50g de queso cheddar, rallado

Preparación

1 En una sartén grande de base gruesa calentar el aceite, añadir la cebolla, el ajo, la papa, la zanahoria y las semillas de comino. Cocer sin tapar durante 5 minutos, revolver de vez en cuando, hasta que las verduras se suavicen.

2 Añadir el caldo, el apio y la calabacita y dejar que suelte el hervor. Tapar y cocinar a fuego lento durante 10 minutos más o hasta que el apio y la calabacita estén tiernos.

3 Incorporar los ejotes, las alubias, los tomates picados y sazonar. Cocinar a fuego lento, sin tapar, durante 5 minutos o hasta que los ejotes estén tiernos. Servir la sopa en tazones y colocar queso cheddar encima.
   Porciones 4

SOPA DE COCO, PAPA Y ESPINACA

Ingredientes

25g de mantequilla

450g de papa, picada

1 cebolla, picada

2 dientes de ajo, machacados

1 cucharadita de raíz de jengibre rallada

1 cucharada mediana de pasta de curry

600ml de caldo de verduras

200ml de leche de coco

Jugo de un limón

¼ cucharadita de chiles secos molidos

175g de espinaca fresca, en tiras

Sal y pimienta negra

Preparación

1 Derriter la mantequilla en una sartén y freír las papas, la cebolla, el ajo, el jengibre y la pasta de curry durante 5 minutos o hasta que se doren.

2 Añadir el caldo, la leche de coco, el jugo del limón y el chile. Tapar o cocinar a fuego lento por 15 minutos o hasta que las papas estén tiernas.

3 Poner la sopa a enfriar un poco, con la batidora manual hacer puré la mitad de la sopa. Regresar el puré a la sartén, añadir la espinaca y cocinar de 1 a 2 minutos, hasta que la espinaca apenas se marchite y la sopa se haya calentado de nuevo. Sazonar al gusto. **Porciones 4**

SOPA INDIA DE ESPECIES, PAPAS Y CEBOLLA

Ingredientes

1 cucharada de aceite vegetal

1 cebolla, finamente picada

1cm de raíz de jengibre, finamente picada

2 papas grandes, picadas

2 cucharaditas de comino fresco

2 cucharaditas de cilantro fresco

½ cucharadita de cúrcuma (condimento parecido al azafrán y jengibre)

1 cucharadita de canela fresca

4 tazas de caldo de verduras

Sal y pimienta negra

1 cucharadita de yogur natural para adornar

Preparación

1 Calentar el aceite en una olla. Freír la cebolla y el jengibre durante 5 minutos o hasta que se ablanden. Añadir las papas y freír otro minuto, moviendo constantemente.

2 Mezclar el comino, el cilantro, la cúrcuma y la canela con 2 cucharadas de agua fría para hacer una pasta. Agregar la cebolla y las papas, moviendo constantemente, y freír durante 1 minuto para que suelte el aroma.

3 Añadir el caldo y sazonar al gusto. Tapar y cocinar a fuego lento durante 30 minutos o hasta que la papa esté tierna. En un procesador de alimentos licuar la sopa hasta que esté suave. Regresar a la olla y recalentar. Adorna con el yogur y la pimienta negra. **Porciones 4**

SOPA DE ESPINACAS Y ALMENDRAS

Ingredientes

450g de espinacas baby	Sal y pimienta negra
600ml de caldo de verduras	100ml de crema espesa
100g de almendras molidas	50g de queso parmesano, rallado

Preparación

1 En una cacerola grande colocar las espinacas y el caldo, reservar unas cuantas hojas de espinacas para decorar. Dejar que suelte el hervor, cocinar a fuego lento durante 5 minutos. Incorporar las almendras molidas y sazonar, cocinar a fuego lento durante 2 minutos más. Retirar del fuego y dejar enfriar un poco.

2 Verter a un procesador de alimentos y licuar hasta obtener un puré suave. Añadir la crema, devolver a la cacerola y recalentar ligeramente —no dejar que hierva—. Servir con el queso parmesano y un poco de pimienta negra, decorar con las hojas de espinaca. **Porciones 4**

SOPA ESTILO PROVENZAL CON PESTO DE CEBOLLAS DE CAMBRAY

Ingredientes

2 cucharadas de aceite de oliva extra virgen

1 cebolla, picada

1 papa mediana, pelada y picada

1 zanahoria, picada

1 pimiento amarillo, sin semillas y picado

500ml de caldo de ajo y hierbas, hecho con 1½ cubitos de caldo

2 tallos de apio, picados

2 calabacitas italianas, picadas

400g de tomates de lata, picados

1 cucharada de puré de tomate

Sal de mar

Pimienta negra recién molida

Para el pesto

6 cebollas de cambray, picadas, incluir los tallos

50g de queso parmesano, rallado

4 cucharadas de aceite de oliva extra virgen

Preparación

1 Para hacer la sopa, en una cacerola grande de base gruesa calentar el aceite, añadir la cebolla, la papa, la zanahoria y el pimiento amarillo. Freír sin tapar durante 5 minutos a fuego medio, revolver ocasionalmente, hasta que las verduras comiencen a dorar.

2 Añadir el caldo, el apio y la calabacita, dejar que suelte el hervor. Tapar y cocinar a fuego lento durante 10 minutos o hasta que las verduras estén tiernas. Incorporar los tomates y el puré de tomate, sazonar generosamente. Cocinar a fuego lento, sin tapar, durante 10 minutos.

3 Para hacer el pesto, en un procesador de alimentos colocar las cebollas de cambray, el queso parmesano y el aceite, licuar hasta formar una pasta suave. Servir la sopa en tazones y colocar una cucharada de pesto encima. **Porciones 4**

SOPA DE COCO CON PORO Y LIMÓN VERDE

Ingredientes

2 cucharadas de aceite de oliva

3 poros, finamente rebanados

1 chile verde, sin semillas, picado

2 papas, rebanadas

Ralladura y jugo de 2 limones verdes, rebanadas extra para decorar

Sal y pimienta negra

600ml de caldo de verduras

225ml de leche de coco

Cilantro fresco para decorar

Preparación

1 En una sartén de base gruesa calentar el aceite, añadir los poros, el chile, las papas, la ralladura de limón y sazonar. Saltear durante 2 minutos, agregar el caldo y dejar que suelte el hervor. Cocinar a fuego lento de 20 a 25 minutos, hasta que las papas estén suaves. Dejar enfriar un poco.

2 Pasar la sopa a un procesador de alimentos y licuar brevemente para obtener una mezcla cremosa, pero no demasiado molida. También se puede usar una batidora de mano. Regresar la sopa a la sartén.

3 Incorporar el jugo de limón, añadir la leche de coco y calentar bien, no permitir que la sopa hierva. Servir caliente o fría decorada con rebanadas de limón verde y cilantro. **Porciones 4**

SOPA ESTILO PROVENZAL CON PESTO DE CEBOLLAS DE CAMBRAY

VERDURAS FRANCESAS CON PISTOU

Ingredientes

500g de frijoles pintos
   o alubias, deshidratados

1 cebolla grande

500g de ejotes

500g de calabaza baby

6 papas medianas

30g de mantequilla

1-2 cucharaditas de sal

60g de pasta farfalle

Para el pistou

1 taza de hojas de albahaca

4 dientes de ajo

1 tomate bola grande

1 cucharada de pasta de tomate

½ taza de queso parmesano
   o gruyer, rallado

3 cucharadas de aceite de oliva

Preparación

1 Si se usan frijoles deshidratados, dejar remojando durante toda la noche. En una cacerola colocar los frijoles remojados y colados, cubrirlos con agua fresca. Dejar que suelte el hervor, tapar y cocer a fuego lento durante 15 minutos. Colar.

2 Picar finamente la cebolla. Recortar los ejotes en trozos pequeños. Cortar la calabaza en rebanadas de 5mm. Pelar las papas y cortar en cubos de 1cm. En una sartén grande y profunda derretir la mantequilla y saltear las verduras (incluyendo los frijoles deshidratados y los cocidos o frescos) hasta que estén suaves, aproximadamente 5 minutos. Cubrir con agua fría y añadir sal. Tapar y cocer a fuego lento durante 1 hora. Añadir la pasta a la sopa, cocer durante 15 minutos más.

3 Para hacer el pistou, en un procesador de alimentos o licuadora procesar las hojas de albahaca con el ajo. Pelar y picar los tomates y agregar a la albahaca con la pasta de tomate y el queso rallado. Licuar hasta formar una pasta, añadir el aceite gradualmente. Justo antes de servir incorporar el pistou en la sopa. Servir muy caliente con pan crujiente. **Porciones 4 a 6**

SOPA FRÍA DE YOGUR

Ingredientes

1 pepino grande

1 taza de crema espesa

200ml de yogur natural

2 cucharadas de vinagre de vino blanco

1 cucharada de vinagre balsámico

2 cucharadas de menta fresca, picada

1 diente de ajo, machacado

Sal y pimienta negra recién molida

Menta y rebanadas de pepino extra
   para decorar

Preparación

1 Pelar y rallar el pepino.

2 Mezclar la crema, el yogur y los vinagres, batir ligeramente hasta que tengan una consistencia suave. Incorporar el pepino, la menta, el ajo y sazonar. Tapar y refrigerar durante tres horas.

3 Revolver y sazonar más si es necesario. Servir la sopa fría y decorar con una rebanada de pepino, una ramita de menta y pimienta molida. **Porciones 4 a 6**

MINESTRONE ESPESA CON PESTO

Ingredientes

3 cucharadas de aceite de oliva

1 cebolla, picada

2 dientes de ajo, picados

1 papa, picada

2 zanahorias pequeñas, picadas

1 calabacita italiana grande, picada

¼ col blanca, picada

700ml de caldo de verduras

800g de tomates de lata, picados

75g de pasta de conchitas

Sal y pimienta negra

4 cucharadas de queso parmesano rallado

4 cucharadas de pesto (salsa preparada con
   ajo, albahaca, piñones y aceite de oliva)

Preparación

1 En una sartén grande de base gruesa colocar el aceite, añadir la cebolla, el ajo, la papa, las zanahorias, la calabacita italiana y la col blanca, saltear de 5 a 7 minutos, hasta que estén ligeramente suaves.

2 Agregar el caldo y los tomates, dejar que suelte el hervor. Cocinar a fuego lento durante 20 minutos, añadir la pasta y sazonar. Cocinar durante 15 minutos más o hasta que la pasta esté suave, pero firme en el centro (al dente). Repartir la sopa en tazones para servir, colocar encima una cucharada de queso parmesano y pesto.

Porciones 4

SOPA DE VERDURAS CON CURRY CREMOSO

Ingredientes

3 cucharadas de aceite vegetal

2 cucharadas de curry en polvo

1 pizca de canela molida, nuez
   moscada, cúrcuma y jengibre

3 zanahorias, picadas

2 cebollas, picadas

2 dientes de ajo, machacados

2 papas, picadas

2 calabacitas italianas, en cubos

4 tazas de caldo de verduras

300g de frijoles pintos de lata, colados

220g de frijoles rojos de lata, colados

220ml de crème fraîche o crema fresca

Sal

2 cucharaditas de perejil

Preparación

1 En una sartén grande de base gruesa colocar el aceite. Añadir el curry en polvo, la canela, la nuez moscada, la cúrcuma y el jengibre, saltear durante 1 minuto, añadir las zanahorias, las cebollas, el ajo, las papas y las calabacitas italianas. Revolver para cubrir con la mezcla de aceite y especias, saltear durante 5 minutos más.

2 Añadir el caldo y dejar que suelte el hervor. Reducir el fuego y cocinar a fuego lento durante 20 minutos o hasta que las verduras estén tiernas. Añadir los frijoles pintos y los frijoles rojos, retirar del fuego e incorporar la crème fraîche. Sazonar al gusto y espolvorear el perejil después de servir.

Porciones 4

SOPA DE PIMIENTO ROJO Y JITOMATE

Ingredientes

3 pimientos rojos o anaranjados, en mitades, sin semillas

1 cebolla, sin pelar, en mitades

4 jitomates Saladet grandes

4 dientes de ajo, sin pelar

350ml de caldo de verduras

1 cucharada de puré de tomate

Sal y pimienta negra

2 cucharadas de perejil fresco, picado

Preparación

1 Precalentar el horno a 200°C. En una charola para hornear colocar los pimientos y la cebolla, con el corte hacia abajo, añadir los jitomates enteros y los ajos. Hornear durante 30 minutos o hasta que estén tiernos y bien dorados.

2 Dejar que las verduras y el ajo se enfríen durante 10 minutos, pelarlos. Colocar las verduras y el ajo en un procesador de alimentos con la mitad del caldo, licuar hasta que se suavicen. También se puede usar una batidora de mano.

3 Verter la sopa en una cacerola, añadir el resto del caldo y el puré de tomate, dejar que suelte el hervor. Sazonar al gusto y esparcir el perejil justo antes de servir. **Porciones 4**

SOPA FRÍA DE TOMATE

Ingredientes

3 rebanadas de pan, sin costras

1kg de tomates, sin piel, sin semillas, picados

1 pepino, pelado, sin semillas, picado

½ taza de cebolla, picada

2 dientes de ajo, machacados

½ pimiento verde, sin semillas, picado

1 cucharadita de sal

1 cucharadita de comino, molido

2 cucharadas de aceite de oliva

2 cucharadas de vinagre de vino

Para decorar

1 pimiento rojo o verde, picado

1 pepino pequeño, picado

1 cebolla, finamente picada

2 huevos cocidos, picados

Croutones

Preparación

1 En un tazón grande colocar todos los ingredientes y dejar reposar durante 30 minutos para suavizar el pan y que se mezclen los sabores.

2 En una licuadora o procesador de alimentos licuar un tercio de la mezcla a la vez. Devolver al tazón y adelgazar la mezcla con 2-3 tazas de agua fría.

3 Tapar y refrigerar. Sazonar al gusto. Servir en tazones individuales fríos o en un tazón grande sobre una cama de hielo.

4 Colocar los ingredientes para decorar en recipientes individuales para agregarlos al gusto. **Porciones 8**

SOPA DE ALMENDRAS

Ingredientes

200g de almendras

1 diente de ajo, pelado

1 cucharada de perejil, finamente picado

8 rebanadas de pan duro, de preferencia integral

⅓ taza de aceite de oliva

1 cucharadita de comino molido

⅓ cucharadita de hebras de azafrán

4 tazas de caldo de verduras

1 taza de leche

Sal y pimienta

Preparación

1 En una sartén colocar ¾ del aceite, freír las almendras, el ajo, el perejil y cuatro rebanadas del pan hasta que dore. Colocar en un procesador de alimentos y licuar junto con el comino, el azafrán y un poco del caldo. Pasar a una sartén, añadir el resto del caldo y la leche, sazonar con sal y pimienta, dejar que suelte el hervor. Reducir el fuego y cocinar a fuego lento durante 15 minutos aproximadamente.

2 Mientras, freír el resto de las rebanadas de pan hasta que estén doradas y crujientes.

3 Dejar que la sopa suelte el hervor y añadir las cuatro rebanadas de pan. Tapar, retirar del fuego y dejar reposar durante 5 minutos antes de servir. **Porciones 4**

SOPA TOSCANA DE FRIJOLES Y PAN

Ingredientes

½ hogaza de pan chapata

3 cucharadas de aceite de oliva

3 cebollas, picadas

3 dientes de ajo, machacados

800g de tomates de lata, picados

400g de frijoles de lata

600ml de caldo de verduras

Sal y pimienta negra

Albahaca fresca para decorar

Preparación

1 Precalentar el horno a 150°C. Cortar el pan en cubos, hornear durante 10 minutos para que se seque.

2 En una sartén grande calentar el aceite de oliva, añadir las cebollas y el ajo, saltear de 3 a 4 minutos, hasta que estén suaves. Agregar los tomates, los frijoles y el caldo, dejar que suelte el hervor, cocinar a fuego lento durante 2 minutos.

3 Incorporar el pan, seguir cocinando a fuego lento durante 5 minutos más. Sazonar, servir decorado con la albahaca. **Porciones 4**

CREMA DE CHAMPIÑONES CON CEBOLLA CRUJIENTE

Ingredientes

25g de mantequilla

1 cucharada de aceite de oliva extra virgen

4 cebollas de cambray, picadas

400g de champiñones, picados

850ml de caldo de verduras

Sal de mar

Pimienta negra recién molida

4 cucharadas de doble crema

Jugo de ½ limón amarillo

Perejil fresco, picado, para decorar

Para las cebollas

Aceite de girasol, para freír

1 cebolla grande, en aros finos

1 cucharada de harina blanca común

Preparación

1 En una sartén grande calentar la mantequilla, saltear las cebollas de cambray y los champiñones a fuego medio alto durante 5 minutos, hasta que estén suaves y se haya evaporado casi todo el jugo.

2 Añadir las papas, el caldo de verduras y sazonar, dejar que suelte el hervor. Reducir el fuego, tapar y cocinar a fuego lento durante 20 minutos hasta que las papas estén suaves. Dejar enfriar.

3 Para preparar las cebollas, en una sartén calentar 1cm de aceite. Revolcar las cebollas en el aceite, colocar en la sartén y freír durante 5 minutos o hasta que estén crujientes y ligeramente doradas. Escurrir sobre papel absorbente.

4 En una licuadora o procesador de alimentos licuar la sopa, pasarla a una cacerola, incorporar la crema y el jugo de limón, recalentar ligeramente. Servir la sopa en tazones y colocar las cebollas crujientes encima, decorar con perejil fresco picado. **Porciones 4**

SOPA DE COL

Ingredientes

24 hojas de col

6 cebollas de cambray

½ taza de cilantro, finamente picado

½ taza de tofu, desmenuzado (queso de soya)

1 cucharada de salsa de soya

Pimienta negra

6¼ tazas de caldo de verduras

Preparación

1 Blanquear las hojas de col en agua hirviendo, cortar las bases del tallo.

2 Cortar la parte blanca de las cebollas de cambray y picar finamente las cabezas. Rebanar dos y apartar para decorar. Cortar los tallos por la mitad a lo largo y cortar en tiras.

3 Mezclar bien las cebollas picadas con la mitad del cilantro, el tofu y la salsa de soya. Sazonar con pimienta.

4 En cada hoja de col colocar una cucharada de la mezcla, doblar la base sobre el relleno, después doblar los lados, enrollar para cubrir el relleno. Atar cada rollo con una mitad de tallo de las cebollas de cambray, colocar en el caldo hirviendo y cocer durante 6 minutos.

5 Servir los rollos en platos individuales, verter una taza de caldo sobre cada uno y decorar con el resto de las cebollas rebanadas y el cilantro. **Porciones 6**

CREMA DE CHAMPIÑONES CON CEBOLLA CRUJIENTE

SOPA DE FRIJOLES MIXTOS Y VERDURAS

Ingredientes

½ taza de alubias, remojadas durante la noche

½ taza de garbanzos, remojados durante la noche

3 cucharadas de aceite de oliva

1 cebolla mediana, picada

1 diente de ajo, machacado

1 poro, la parte blanca, picado

6 tazas de caldo de verduras

2 tallos de apio, rebanados

1 zanahoria, picada

2 ramitas de tomillo fresco, picadas

1 bulbo de hinojo pequeño, rallado

2 calabacitas italianas, ralladas

90g de habas

3 jitomates medianos, pelados, sin semillas, picados

Sal y pimienta negra recién molida

Queso parmesano recién rallado para servir

Preparación

1 Colar las alubias y los garbanzos. Ponerlos en una cacerola y cubrirlos con agua, dejar que suelte el hervor durante 15 minutos. Tapar, cocer a fuego lento durante 30 minutos más antes de colar de nuevo.

2 En una sartén calentar el aceite, añadir la cebolla, el ajo y el poro. Revolver hasta que estén tiernos. Añadir el caldo, las alubias y los garbanzos. Tapar y cocer a fuego lento durante 45 minutos (hasta que estén tiernos). Añadir el resto de los ingredientes, reservar el queso parmesano, y cocinar a fuego lento durante 15 minutos más.

3 Sazonar si es necesario, servir con el queso parmesano recién rallado. **Porciones 4 a 6**

SOPA DE ZANAHORIAS Y LENTEJAS

Ingredientes

25g de mantequilla

1 cucharada de aceite de girasol

450g de zanahorias, picadas

1 cebolla, picada

2 tallos de apio, picados

100g de lentejas rojas, enjuagadas

850ml de caldo de verduras

Sal de mar

Pimienta negra recién molida

Yogur natural y perejil fresco, para decorar

Preparación

1 En una cacerola derretir la mantequilla, freír las zanahorias, la cebolla y el apio de 6 a 8 minutos o hasta que estén ligeramente dorados. Añadir las lentejas y 750ml del caldo de verduras, dejar que suelte el hervor. Tapar y cocinar a fuego lento durante 20 minutos, hasta que las zanahorias estén tiernas.

2 Dejar enfriar durante 15 minutos, colocar la sopa en un procesador de alimentos y licuar. Pasar a una cacerola limpia con el resto del caldo, sazonar al gusto, recalentar antes de servir. Añadir un poco de yogur y perejil fresco para decorar. **Porciones 4**

SOPA DE GARBANZOS, JITOMATE Y AJO

Ingredientes

500g de garbanzos secos

1kg de jitomates Saladet

1 cabeza de ajo

⅓ taza de aceite de oliva

Sal

2 cucharadas de orégano seco

2 poros, rebanados, sólo la parte blanca

4 tazas de caldo de verduras

2 cucharadas de pasta de tomate

Sal y pimienta

Hojas de orégano fresco

Preparación

1 Remojar los garbanzos en agua fría durante la noche. En una cacerola colocar los garbanzos, cubrir con agua y dejar que suelte el hervor, cocer a fuego lento durante 1 hora aproximadamente hasta que estén tiernos. Colar y reservar.

2 Precalentar el horno a 200°C. Partir los tomates por la mitad y colocarlos en una charola para horno. Cortar la parte superior del ajo y colocarlo también en la charola.

3 Bañar con un poco de aceite de oliva, espolvorear con sal y el orégano seco, hornear de 20 a 30 minutos.

4 En un procesador de alimentos colocar los jitomates y 5 dientes de ajo pelados (reservar el resto), licuar durante 1 minuto.

5 En una sartén calentar la mitad del resto del aceite y saltear los poros durante 3 minutos. Añadir el caldo, dejar que suelte el hervor, reducir el fuego y cocinar a fuego lento. Agregar la mezcla del jitomate, la pasta de tomate y los garbanzos, sazonar con sal y pimienta, calentar bien.

6 Para servir espolvorear con las hojas de orégano fresco justo antes de servir. **Porciones 4**

cocina selecta

ensaladas

CHAMPIÑONES MARINADOS SOBRE UNA CAMA DE HOJAS

Ingredientes

350g de hongos variados, como hongos shiitake, setas, champiñones ostra, champiñones comunes, etcétera, rebanados

100g de hojas de espinacas baby

25g de berros, sin los tallos gruesos

Tomillo fresco para decorar

Para el aderezo

3 cucharadas de aceite de oliva extra virgen

2 cucharadas de jugo de manzana sin azúcar

2 cucharadas de vinagre de vino blanco con estragón

2 cucharaditas de mostaza de Dijon

1 diente de ajo, machacado

1 cucharada de hierbas variadas picadas; orégano, tomillo, cebollín, albahaca o perejil

Pimienta negra

Preparación

1 Para hacer el aderezo, en un tazón colocar el aceite, el jugo de manzana, el vinagre, la mostaza, el ajo, las hierbas y la pimienta negra, batir hasta que se incorporen los ingredientes.

2 Verter el aderezo sobre los champiñones y revolver. Tapar y refrigerar durante 2 horas.

3 Acomodar las espinacas y los berros en platos para servir. Colocar los champiñones y un poco del aderezo encima y revolver ligeramente. Decorar con tomillo fresco. **Porciones 4**

ENSALADA DE HABAS Y FRIJOLES CON ARROZ

Ingredientes

1 taza de arroz integral

175g de habas baby congeladas

400g de frijoles pintos de lata, colados, enjuagados

220g de frijoles rojos de lata, colados, enjuagados

1 pimiento rojo, sin semillas, cortado en trozos

1 manojo de cebollas de cambray, picadas

Cilantro fresco para decorar

Para el aderezo

150ml de jugo de tomate

1 cucharada de aceite de oliva

1 cucharada de vinagre de vino blanco

2 cucharaditas de mostaza de Dijon

1 diente de ajo, machacado

2 cucharadas de cilantro fresco, picado

Pimienta negra

Preparación

1 En una cacerola mezclar el arroz con 1½ tazas de agua. Dejar que suelte el hervor, reducir el fuego, tapar y cocer durante 15 minutos. Retirar la cacerola del fuego, dejar reposar, tapada, durante 10 minutos. Mientras poner a cocer las habas baby en una cacerola con agua hirviendo de 4 a 5 minutos, hasta que estén suaves. Enjuagar bajo el chorro de agua fría y colar, retirar la piel (opcional). Enjuagar el arroz bajo el chorro de agua fría, colar y pasarlo a un platón para ensalada.

2 Para hacer el aderezo, en un tazón pequeño colocar el jugo de tomate, el aceite de oliva, el vinagre, la mostaza, el ajo, el cilantro y la pimienta negra, batir hasta que se incorporen los ingredientes.

3 Verter el aderezo sobre el arroz y revolver. Añadir las habas, los frijoles, el pimiento y las cebollas de cambray, mezclar bien. Tapar y refrigerar antes de servir. Decorar con cilantro fresco. **Porciones 4**

CHAMPIÑONES MARINADOS
SOBRE UNA CAMA DE HOJAS

ENSALADA DE JITOMATES Y MOZZARELLA

Ingredientes

6 jitomates Saladet, rebanados

250g de queso mozzarella, colado, rebanado

2 cebollas de cambray, rebanadas

75g de aceitunas negras

Sal y pimienta negra

Para el aderezo

3 cucharadas de aceite de oliva extra virgen

1 diente de ajo, machacado

2 cucharaditas de vinagre balsámico

2 cucharadas de albahaca fresca, picada

Preparación

1 En platos para servir alternar una rebanada de jitomate, una rebanada de queso, una rebanada de cebolla y aceitunas negras, sazonar.

2 Para hacer el aderezo, en una sartén a fuego muy lento calentar el aceite y el ajo durante 2 minutos o hasta que el ajo esté suave pero no dorado. Retirar la sartén del fuego, añadir el vinagre y la albahaca, verter sobre la ensalada. **Porciones 4**

ENSALADA WALDORF CON QUESO LEICESTER

Ingredientes

175g de col morada, finamente rebanada

4 tallos de apio, rebanados

150g de queso leicester o cheddar, en cubos de 1cm

75g de uvas moradas, sin semilla, en mitades

2 manzanas rojas, sin centro, picadas

1 lechuga romana, hojas troceadas

½ cucharadita de semillas de amapola

Para el aderezo

150g de yogur natural

2 cucharadas de mayonesa

1 cucharadita de jugo de limón amarillo fresco o vinagre de vino blanco

Pimienta negra

Preparación

1 Para hacer el aderezo, mezclar el yogur, la mayonesa, el jugo de limón o vinagre y sazonar. En un tazón grande poner la col, el apio, el queso, las uvas y las manzanas, mezclar con el aderezo.

2 Repartir la lechuga en platos para servir, colocar encima la mezcla de col y queso. Esparcir las semillas de amapola antes de servir. **Porciones 4**

ENSALADA DE CALABACITA ITALIANA CON AVELLANAS

Ingredientes

600g de calabacitas italianas pequeñas

2 cucharadas de aceite de girasol, extra para freír

5 cucharadas de aceite de nuez

1 cucharada de vinagre de vino blanco

Sal y pimienta negra

100g de avellanas enteras, blanqueadas

170g de berros, sin los tallos gruesos

75g de queso feta, desmenuzado

Preparación

1 Con un pelador cortar las calabacitas en rebanadas delgadas a lo largo. En un tazón mezclar el aceite de girasol, el aceite de nuez, el vinagre y sazonar. Añadir la mitad de las calabacitas a la mezcla del aceite, revolver ligeramente y reservar.

2 Con un poco de aceite de girasol barnizar una sartén grande y calentarla. Colocar el resto de las calabacitas en la sartén y freír durante 2 minutos por lado hasta que estén un poco doradas. Retirar, sazonar y reservar. Limpiar la sartén con un paño limpio.

3 Con un mortero machacar un poco las avellanas. Alternativamente, colocarlas en una bolsa de plástico sellada y machacarlas con un rodillo. Poner las avellanas en la sartén y freír de 1 a 2 minutos, hasta que estén doradas.

4 Repartir los berros en platos para servir. Colocar la calabacita marinada en el centro, reservar un poco de la marinada. Esparcir encima la mitad de las avellanas y el queso feta. Acomodar las calabacitas asadas encima, espolvorear el resto de las avellanas y el resto de la marinada. **Porciones 6**

ENSALADA MEDITERRÁNEA CON PASTA

Ingredientes

175g de pasta en forma de conchitas

150g de ejotes, en mitades

4 cebollas de cambray, rebanadas

1 pimiento verde, sin semillas, picado

125g de tomates cherry, en mitades

1 aguacate grande, maduro, picado

Pimienta negra

Hojas de albahaca fresca rotas, para decorar

Para el aderezo

3 cucharadas de aceite de oliva o de girasol

1 cucharada de vinagre de vino blanco

1 cucharada de miel

1 cucharadita de mostaza de Dijon

Preparación

1 Para hacer el aderezo, en una jarra con tapa de rosca colocar el aceite, el vinagre, la miel y la mostaza, agitar bien para mezclar.

2 En una cacerola grande hervir agua con sal, añadir la pasta y cocer durante 6 minutos. Agregar los ejotes y cocer durante 2 minutos o hasta que la pasta esté suave, pero firme al morderla (al dente) y los ejotes estén suaves. Colar bien.

3 En un tazón grande colocar la pasta y los ejotes con las cebollas de cambray, el pimiento verde, los tomates cherry, el aguacate y sazonar. Añadir el aderezo y mezclar bien. Decorar con albahaca. **Porciones 4**

ENSALADA DE BETABEL Y PERAS

Ingredientes

50g de nueces

200g de hojas de ensalada mixtas,
como escarola y endivia

225g de betabel cocido, rebanado

2 peras, cortadas en cuartos, sin centro,
rebanadas

40g de queso parmesano

Cebollín fresco para decorar

Para el aderezo

2 cucharadas de hierbas frescas, picadas,
como albahaca, cebollín, menta y perejil

4 cucharadas de aceite de nuez

2 cucharadas de aceite de oliva extra virgen

1 diente de ajo, machacado

2 cucharaditas de vinagre de vino tinto

1 cucharadita de miel

Sal y pimienta negra

Preparación

1   Precalentar la parrilla a intensidad alta. Para hacer el aderezo, con un procesador de alimentos o una batidora de mano licuar las hierbas, el aceite de nuez, el aceite de oliva, el ajo, el vinagre y la miel hasta que se suavice. Sazonar al gusto.

2   Colocar las nueces en una charola y hornear de 2 a 3 minutos, hasta que estén doradas, voltear constantemente. Acomodar las hojas para ensalada, el betabel y las rebanadas de pera en platos para servir. Esparcir encima las nueces, colocar rebanadas finas de parmesano (usar un pelador). Servir después el aderezo y decorar con el cebollín entero. **Porciones 4**

ENSALADA DE AGUACATE, MANGO Y PAPAYA

Ingredientes

2 aguacates maduros

Jugo de ½ limón verde

2 papayas

50g de hojas para ensalada

Cilantro fresco para decorar

Para el aderezo

1 mango maduro

1 cucharada de vinagre de arroz o 1 cucharadita de vinagre de vino blanco

Jugo de 1 limón verde

1cm de raíz de jengibre fresca, finamente picada

½ cucharadita de miel

Preparación

1 Para hacer el aderezo, pelar el mango, separar la pulpa del hueso, picarla grueso. En un procesador de alimentos licuar el mango con el vinagre, el jugo de limón, el aceite, el jengibre y la miel hasta formar un puré. Alternativamente, presionar la pulpa del mango por un colador y mezclar con el resto de los ingredientes.

2 Pelar los aguacates y cortarlos por la mitad, desechar los huesos, y cortar en rebanadas finas a lo largo. Bañarlos en el jugo de limón para evitar que se oxiden.

3 Cortar las papayas por la mitad, con una cuchara sacar las semillas y desecharlas. Pelar y rebanar finamente la pulpa. Acomodar en platos para servir junto con el aguacate y las hojas de ensalada. Verter encima el aderezo y decorar con cilantro. **Porciones 4**

ENSALADA DE JITOMATE Y CEBOLLA CON ADEREZO DE QUESO FETA

Ingredientes

4 jitomates grandes, finamente rebanados

1 cebolla morada, finamente rebanada

Sal y pimienta negra

2 cucharadas de albahaca fresca, picada

Para el aderezo

75g de queso feta, desmenuzado

3 cucharadas de yogur natural

2 cucharadas de aceite de oliva extra virgen

1 cucharada de vinagre de vino blanco

Preparación

1 En un platón grande para servir acomodar las rebanadas de jitomate y de cebolla, sazonar con sal y pimienta.

2 En un procesador de alimentos o con una batidora de mano, licuar el queso feta, el yogur, el aceite y el vinagre hasta que el aderezo esté muy suave. Verter el aderezo sobre los jitomates, esparcir encima la albahaca. **Porciones 6**

ENSALADA MEXICANA DE TORTILLA

Ingredientes

Aderezo

1 mango pequeño, pelado,
sin hueso

½ taza de jugo de toronja

½ taza de jugo de limón verde,
fresco

1-2 chiles rojos pequeños

4 cebollas de cambray, picadas

30ml de aceite vegetal

1 diente de ajo

Para la ensalada

Aceite para freír

4 tortillas de maíz, cortadas
en tiras

3 tazas de col verde, finamente
rebanada

3 tazas de lechuga iceberg,
finamente rebanada

1 mango, pelado, picado

1 taza de jícama, pelada,
picada (ver nota)

1 cebolla morada, finamente picada

3 pimientos rojos, asados, pelados,
picados

½ taza de semillas de calabaza,
peladas, tostadas

½ manojo de cilantro, picado

Sal y pimienta al gusto

Preparación

1 Primero hacer el aderezo, en un procesador de alimentos o licuadora colocar todos los ingredientes y licuar hasta que estén suaves. Reservar.

2 Para hacer la ensalada. En una sartén mediana calentar el aceite a fuego medio-alto.

3 Añadir un puño de tortillas en tiras y freír hasta que estén crujientes, aproximadamente 4 minutos por puño, retirar del aceite y escurrir sobre papel absorbente.

4 En un tazón grande mezclar la col, la lechuga, el mango, la jícama, la cebolla, el pimiento, las semillas de calabaza y el cilantro. Añadir suficiente aderezo y revolver para incorporar, sazonar con sal y pimienta al gusto. Agregar las tortillas fritas y servir. **Porciones 4**

La jícama es el fruto de una legumbre tropical —se puede sustituir por castañas de agua en cualquier receta.

ENSALADA DE LECHUGA, AGUACATE Y CACAHUATES

Ingredientes

2 lechugas pequeñas, hojas separadas

1 cabeza de endibia, hojas separadas

2 aguacates pequeños maduros,
  sin hueso, pelados, en trozos

3 cebollas de cambray, picadas

3 cucharadas de cacahuates salados

Para el aderezo

1 cucharada de jugo de limón amarillo

1 diente de ajo, machacado

3 cucharadas de aceite de oliva

2 cucharadas de mantequilla de
  cacahuate

Sal y pimienta negra

Preparación

1 Para hacer el aderezo, en un tazón colocar el jugo de limón, el ajo, el aceite y la mantequilla de cacahuate, mezclar bien y sazonar.

2 En un platón grande acomodar las hojas de lechuga, las endibias y el aguacate. Verter el aderezo y esparcir las cebollas de cambray y los cacahuates. **Porciones 4**

ENSALADA DE JITOMATE Y PAN CON ADEREZO DE PESTO

Ingredientes

1 pan baguette, en cubos

2 cucharadas de aceite de oliva

3 jitomates grandes, en trozos de
  2.5cm

1 cebolla morada pequeña, finamente
  rebanada

100g de queso feta, desmenuzado

1 puño de hojas de albahaca fresca,
  rotas

Para el aderezo

3 cucharadas de aceite de oliva

1 chile rojo, sin semillas, finamente
  picado

2 cucharadas de pesto rojo (salsa
  preparada con tomates secos, piñones
  y especias)

2 cucharadas de vinagre de vino tinto

Sal y pimienta negra

Preparación

1 Precalentar la parrilla a intensidad alta. Revolcar el pan en el aceite para cubrirlo de manera uniforme y colocarlo sobre una charola para la parrilla. Tostar de 1 a 2 minutos, hasta que dore, voltear ocasionalmente, dejar enfriar durante 10 minutos.

2 Mientras hacer el aderezo. En una cacerola pequeña calentar el aceite, saltear el chile, revolviendo, durante 1 minuto o hasta que esté suave y que no se dore. Retirar del fuego, dejar enfriar ligeramente y añadir el pesto y el vinagre. Batir con un tenedor y sazonar.

3 Mezclar el pan tostado con los jitomates, la cebolla y el queso feta. Esparcir la albahaca sobre la ensalada. Verter el aderezo y revolver ligeramente para incorporar. **Porciones 4**

ENSALADA DE LECHUGA,
AGUACATE Y CACAHUATES

ENSALADA DE JENGIBRE, ALMENDRAS Y BRÓCOLI CON NOODLES

Ingredientes

Noodles

100g de noodles secos (fideos chinos de harina de trigo)

2 cucharadas de vinagre de arroz

2 cucharadas de mirin (vino de arroz que se usa como condimento en la comida japonesa)

1 cucharadita de azúcar

½ taza de cilantro fresco, picado

Para la ensalada

1 cucharada de aceite de cacahuate

1 cucharada de jengibre fresco, rallado

1 chile rojo pequeño, rebanado muy finamente

4 dientes de ajo, machacados

4 cebollas de cambray, picadas

500g de brócoli, sin tallos

10 hongos shiitake, rebanados

200g de elotitos baby

3 cucharadas de salsa de soya

3 cucharadas de mirin

2 cucharadas de vinagre de arroz

1 lechuga romana, rebanada

120g de almendras blanqueadas, tostadas

¼ taza de cilantro, picado

Preparación

1   Para preparar los noodles. En un tazón con agua muy caliente remojar los noodles durante 10 minutos aproximadamente o hasta que estén suaves. Colar. Mezclar el vinagre de arroz, el mirin y el azúcar, incorporar a los noodles. Añadir el cilantro, revolver bien y reservar.

2   En un wok calentar el aceite de cacahuate, añadir el jengibre, el chile, el ajo y las cebollas de cambray, saltear bien hasta que las cebollas se marchiten, aproximadamente 3 minutos.

3   Agregar el brócoli y saltear bien hasta que tengan un color brillante. Añadir los hongos y los elotitos, revolver bien a fuego alto. Agregar la soya, el mirin y el vinagre de arroz, cocinar durante 1 minuto más. Incorporar los noodles y mezclar, retirar el wok del fuego.

4   Repartir la lechuga en cuatro platos para servir, colocar encima la mezcla del brócoli y los noodles. Decorar con las almendras tostadas y el cilantro. **Porciones 4**

TABULE DE VERANO

Ingredientes

175g de trigo integral

2 huevos medianos

1 cebolla morada, finamente picada

2 dientes de ajo, finamente machacados

1 pimiento rojo y 1 amarillo, sin semillas, finamente picados

1 cucharada de perejil, 1 de cebollín, 1 de cilantro, picados

3 cucharadas de menta fresca, picada

Ralladura y jugo de 1 limón amarillo

Ralladura y jugo de 1 limón verde

3 cucharadas de aceite de oliva

Sal y pimienta negra

Preparación

1   Preparar el trigo integral siguiendo las instrucciones del paquete, hasta que esté suave. Mientras, en una cacerola con agua hirviendo cocer los huevos durante 10 minutos. Enfriar bajo el chorro de agua fría, retirar el cascarón y machacarlos.

2   Agregar la cebolla, el ajo, los pimientos, el perejil, el cebollín, el cilantro, la menta, el jugo y la ralladura de los limones y el aceite al trigo integral, mezclar bien. Sazonar al gusto antes de servir. **Porciones 4**

PANZANELLA TOSCANA CON VINAGRETA DE TOMATES ASADOS

Ingredientes

600g de pan rústico duro
(aproximadamente ½ hogaza)

2 cucharadas de aceite de oliva

2 cucharadas de romero fresco, picado

1kg de jitomates Saladet

1 pepino

1 cebolla morada pequeña

20g de aceitunas Kalamata

20 hojas de albahaca

4 hojas de menta, finamente rebanadas

1 cucharada de mejorana fresca

Para el aderezo

4 jitomates Saladet

½ taza de aceite de oliva extra virgen

2 cucharadas de vinagre de vino tinto

1 cucharada de vinagre balsámico

3 dientes de ajo

Sal y pimienta negra recién molida

Preparación

1 Cortar el pan en cubos de 2cm y mezclar con 2 cucharadas de aceite de oliva y el romero. Colocar sobre una charola y hornear a 200°C durante 5 minutos hasta que esté dorado, dejar enfriar.

2 Para hacer el aderezo, calentar una sartén grande y barnizar la piel de los jitomates pequeños con un poco de aceite de oliva, asarlos hasta que la piel esté ennegrecida. Hacer un puré con el resto del aceite de oliva, los vinagres, el ajo, la sal y la pimienta al gusto. Reservar.

3 Sacar las semillas de los otros jitomates y picarlos en trozos pequeños. Pelar el pepino y quitar las semillas pasando una cuchara pequeña por el centro, rebanar. Picar finamente la cebolla morada. Sacar los huesos de las aceitunas aplastándolas con la hoja de un cuchillo.

4 En un platón para servir colocar los cubos de pan, los jitomates, el pepino, la cebolla, las aceitunas y las hojas de albahaca machacadas. Añadir la menta y la mejorana picadas. Revolver bien. Verter encima el aderezo y mezclar. Dejar reposar durante 10 minutos y servir. **Porciones 4**

ENSALADA DE APIO, ZANAHORIA Y MANZANA CON TAHINI

Ingredientes

3 zanahorias, ralladas

1 apio, finamente rebanado

2 manzanas, peladas, sin centro,
finamente rebanadas

Para el aderezo

3 cucharadas de jugo de limón amarillo

1 diente de ajo, machacado

2 cucharadas de tahini

Preparación

1 Para hacer el aderezo, en un procesador de alimentos colocar el jugo de limón, el ajo, la tahini y 3 cucharadas de agua, licuar hasta que esté suave. Alternativamente batir con un tenedor. Sazonar al gusto.

2 Mezclar las zanahorias, el apio y las manzanas, pasar a platos individuales para servir. Verter encima el aderezo. **Porciones 4**

ENSALADA DE VERDURAS ASADAS

Ingredientes

3 cebollas moradas, en cuartos

3 papas, en gajos

2 calabacitas italianas, en rebanadas gruesas

2 pimientos amarillos, sin semillas, en rebanadas gruesas

4 jitomates Saladet, en mitades

2 cucharadas de aceite de oliva

Sal de mar y pimienta negra recién molida

Láminas de queso parmesano (opcional)

Para el aderezo

3 cucharadas de aceite de oliva extra virgen

2 cucharadas de miel

1 cucharada de vinagre balsámico

Ralladura fina y jugo de 1 limón amarillo

Preparación

1 Precalentar el horno a 200°C. En una charola para horno colocar todas las verduras, bañar con el aceite de oliva y sazonar. Agitar ligeramente la charola para asegurar que las verduras estén impregnadas con el aceite y aderezadas. Hornear durante 35 minutos aproximadamente, hasta que las verduras estén muy suaves y las orillas un poco chamuscadas.

2 Mezclar los ingredientes para el aderezo y verter sobre las verduras asadas. Revolver bien y repartir en cuatro platos para servir, colocar encima las láminas de queso parmesano (opcional). **Porciones 4**

ENSALADA SICILIANA DE COLIFLOR

Ingredientes

1 coliflor pequeña

25g pasas sin semillas

20g de almendras fileteadas, tostadas

2 cucharadas de hojas de perejil, picadas

Para el aderezo

Ralladura y jugo de 1 limón amarillo pequeño

½ cucharadita de canela, molida

1 pizca de pimienta de Cayena

5 cucharadas de aceite de oliva extra virgen

2 cucharadas de vinagre balsámico

1 cucharadita de azúcar extrafina

Sal y pimienta negra

Preparación

1 Cortar la coliflor en racimos y rebanar el tallo en trozos pequeños. En una cacerola con agua hirviendo ligeramente salada cocer la coliflor de 2 a 3 minutos hasta que se suavice y esté firme al morderla. Colar bien.

2 Para hacer el aderezo, en una jarra con tapa de rosca colocar el jugo de limón, la canela, la pimienta de Cayena, el aceite, el vinagre, el azúcar y sazonar, agitar bien. Alternativamente, colocar todos los ingredientes en un tazón y mezclar con un tenedor. Verter el aderezo sobre la coliflor y revolver bien. Dejar enfriar durante 1 hora.

3 En una cacerola colocar las pasas y cubrir con suficiente agua hirviendo, dejar reposar durante 10 minutos hasta que se hinchen. Colar y picar grueso. Esparcir sobre la coliflor junto con las almendras, la ralladura de limón y el perejil, revolver ligeramente. **Porciones 4**

ENSALADA CALIENTE DE ESPINACAS CON NUECES

Ingredientes

2 cucharadas de aceite de nuez

5 tomates deshidratados en aceite, colados, picados

225g de espinacas baby

1 cebolla morada, cortada en aros

2 cucharadas de nueces, picadas

Sal

3 cucharadas de cilantro fresco, picado

Preparación

1 En un wok o sartén grande de base gruesa calentar el aceite. Añadir los tomates, las espinacas, la cebolla, las nueces y sal al gusto. Saltear durante 1 minuto o hasta que las espinacas comiencen a marchitarse, revolver para mezclar.

2 Pasar las verduras a un tazón grande para ensaladas y espolvorear el cilantro para decorar. Servir de inmediato. **Porciones 4**

ENSALADA DE TRIGO INTEGRAL CON PIMIENTOS ASADOS

Ingredientes

225g de trigo integral

2 pimientos amarillos, en cuartos, sin semillas

250g de ejotes, en mitades

2 jitomates Saladet maduros

4 cebollas de cambray, rebanadas

75g de nueces de Brasil, picadas grueso

4 cucharadas de perejil fresco, picado

Sal de mar y pimienta negra recién molida

Para el aderezo

4 cucharadas de aceite de oliva extra virgen

1 cucharada de mostaza de grano entero

1 diente de ajo, machacado

1 cucharadita de vinagre balsámico

1 cucharadita de vinagre de vino blanco

Preparación

1 En un tazón colocar el trigo integral y cubrir con agua hirviendo aproximadamente 2cm por encima del trigo. Dejar remojar durante 20 minutos. Mientras, precalentar la parrilla a intensidad alta. Asar los pimientos amarillos, con la piel hacia arriba, de 15 a 20 minutos, hasta que la piel se hinche y esté chamuscada. Pasarlos a una bolsa de plástico, sellar y dejar enfriar. Pelar y desechar la piel, picarlos.

2 Blanquear los ejotes en agua hirviendo de 3 a 4 minutos, colar, refrescar bajo el chorro de agua fría y reservar. En un tazón colocar los jitomates, cubrir con agua hirviendo y dejar reposar durante 30 segundos. Pelar, quitar las semillas y picarlos.

3 Combinar los ingredientes del aderezo y mezclar bien. Colar el trigo integral y ponerlo en un tazón para ensalada. Añadir el aderezo y revolver bien. Agregar las verduras, las cebollas de cambray, las nueces de Brasil, el perejil y sazonar, revolver ligeramente. **Porciones 4**

ENSALADA DE ESPINACAS BABY CON QUESO FETA, ALCACHOFAS Y NUECES

Ingredientes

1 pimiento rojo, sin semillas, en cuartos

1 cucharada de aceite de oliva

100g de nueces

200g de espinacas baby

200g de queso feta, en cubos

300g de corazones de alcachofa, en cuartos

½ taza de aceitunas negras, sin semillas

Pan pita para servir

Para el aderezo

½ taza de aceite de oliva extra virgen

¼ taza de jugo de limón amarillo

2 cucharaditas de miel

2 cucharaditas de orégano, picado

Pimienta negra recién molida

Preparación

1 Precalentar la parrilla. Colocar los pimientos en la parrilla, asar hasta que la parte superior se ponga negra. Cortar en tiras y reservar.

2 En una jarra pequeña poner todos los ingredientes para el aderezo, mezclar bien.

3 En una sartén calentar una cucharada del aceite de oliva, agregar las nueces y saltear de 1 a 2 minutos. En un tazón grande para ensaladas mezclar las espinacas baby, el queso feta, las alcachofas y las aceitunas, verter el aderezo sobre la ensalada y servir con pan pita. Porciones **4–6**

ENSALADA JAPONESA DE FIDEOS DE ARROZ

Ingredientes

250g de noodles udon (tallarín grueso de harina de trigo)

1 cucharadita de aceite de oliva

2 cucharaditas de jengibre recién rallado

1-2 chiles rojos pequeños, sin semillas, picados

1 pimiento rojo, en trozos pequeños

6 cebollas de cambray, rebanadas diagonalmente

½ manojo de cilantro

Jugo de 1 limón verde

1 cucharada de vinagre de arroz japonés

1 cucharada de salsa de soya

2 cucharadas de caldo de verduras

3 cucharadas de semillas de ajonjolí

Preparación

1 En un tazón grande con agua caliente sumergir los noodles, dejar que se remojen hasta que estén suaves, de 5 a 10 minutos. Colar y enjuagar bajo el chorro de agua fría para refrescarlos. Pasar los noodles a un tazón grande.

2 En una sartén de teflón calentar el aceite, añadir el jengibre y los chiles, saltear ligeramente de 1 a 2 minutos. Agregar los trozos de pimiento, aumentar el fuego a medio-alto, saltear revolviendo el pimiento hasta que se suavice. Añadir las cebollas de cambray y seguir salteando durante 2 minutos más.

3 Incorporar la mezcla de los pimientos al tazón con los noodles y agregar el cilantro, revolver bien.

4 En una jarra pequeña mezclar el jugo de limón, el vinagre de arroz, la soya y el caldo, verter sobre los noodles. Espolvorear las semillas de ajonjolí y refrigerar antes de servir. **Porciones 4**

ENSALADA DE ESPINACAS BABY CON QUESO FETA, ALCACHOFAS Y NUECES

REMOULADE DE APIO NABO Y HIERBAS

Ingredientes

2 huevos medianos

500g de apio nabo, rallado

2 cucharadas de aceite de oliva

1 cucharada de aceite de ajonjolí

Jugo de 1 limón amarillo

3 cucharadas de perejil fresco, picado

3 cucharadas de cebollín fresco, picado

Sal y pimienta negra

Preparación

1 En una cacerola con agua hirviendo colocar los huevos y cocerlos durante 10 minutos. Enfriar bajo el chorro de agua fría, quitar la cáscara y picar finamente.

2 En un tazón grande colocar los huevos picados y el apio nabo. Mezclar el aceite de oliva, el aceite de ajonjolí y el jugo de limón, verter sobre el apio nabo y los huevos. Agregar el perejil, el cebollín y sazonar, revolver bien. **Porciones 4**

ENSALADA VIETNAMITA DE PAPAYA VERDE

Ingredientes

Ensalada

750g de papaya verde (verdura tropical tailandesa)

4 cebollas de cambray, en tiras muy finas

½ rábano blanco, en tiras muy finas

12 hojas de menta asiática

12 hojas de albahaca tailandesa (o albahaca regular)

¼ manojo de cilantro, sólo las hojas

1 diente de ajo, machacado

2 cucharadas de cacahuates, en pedazos

Hojas extra de albahaca y menta para decorar

Para el aderezo

3 cucharadas de vinagre de arroz

3 cucharadas de jugo de limón verde

2 cucharadas de azúcar

1 cucharada de salsa de chile dulce

Preparación

1 Cortar la papaya en tiras finas y mezclar con las cebollas de cambray, el rábano blanco, las hierbas frescas picadas y el ajo.

2 Para hacer el aderezo, batir todos los ingredientes con 2 cucharadas de agua hirviendo. Si la salsa está un poco ácida, añadir un poco más de agua para diluir el sabor al gusto. Batir hasta que el aderezo esté bien incorporado.

3 Incorporar el aderezo con la mezcla de la papaya de manera uniforme. Colocar en un plato y esparcir los cacahuates encima. Decorar con la albahaca tailandesa y la menta asiática. **Porciones 4**

ENSALADA ASIÁTICA DE COL CON JENGIBRE

Ingredientes

½ col rizada, en rebanadas muy finas, 5 tazas aproximadamente

4 coles chinas baby, hojas separadas, rebanadas

8 cebollas de cambray, en tiras a lo largo

200g de castañas de agua de lata, coladas, rebanadas

2 zanahorias medianas, en tiras finas

¼ tallo de té de limón, en rebanadas muy finas

4 hojas de lima, en rebanadas muy finas

Para el aderezo

2 cucharadas de mayonesa

2 cucharadas de yogur

Jugo de 2 limones amarillos

Jugo de 1 limón verde

1 cucharada de jengibre, recién rallado

4 cucharadas de vinagre de arroz

Sal y pimienta al gusto

Para decorar

1 manojo de cilantro, picado

½ taza de cacahuates tostados o semillas de girasol

Preparación

1 Rebanar finamente la col. En un tazón grande mezclar la col con la col china, las cebollas de cambray, las castañas de agua, las zanahorias, el tallo de té de limón y las hojas de lima. Revolver bien.

2 En una jarra mezclar todos los ingredientes para el aderezo hasta que estén integrados, sazonar y verter sobre la ensalada. Revolver bien para bañar todos los ingredientes. Justo antes de servir incorporar el cilantro y espolvorear los cacahuates o las semillas de girasol. **Porciones 4**

ENSALADA SILVESTRE DE FLORES DEL CAMPO

Ingredientes

1 huevo mediano

50g de hojas mixtas para ensalada

6 elotitos baby, rebanados en rodajas finas

6 tomates cherry, en mitades

40g de uvas verdes, sin semillas

1 manzana roja pequeña, sin centro, rebanada

50g de queso gruyer, finamente rebanado y cortado en forma de hojas

Para el aderezo

1 cucharadita de mostaza de Dijon

2 cucharadas de aceite de oliva

1 cucharada de yogur natural

Pimienta negra

Preparación

1 En una cacerola cocer el huevo en agua hirviendo durante 10 minutos. Enfriar bajo el chorro de agua fría, pelar y cortar en seis partes. Acomodar las hojas para ensalada en platones individuales y esparcir las rebanadas de elotitos, los tomates, las uvas, la manzana, el queso gruyer y el huevo duro.

2 Para hacer el aderezo mezclar la mostaza, el aceite, el vinagre, el yogur y sazonar. Verter sobre la ensalada. **Porciones 2**

ENSALADA DE BETABEL ASADO CON VINAGRE BALSÁMICO Y ENELDO

Ingredientes

24 betabeles muy pequeños,
    con la parte verde

1 cucharada de aceite de oliva

Sal y pimienta recién molida al gusto

1 cucharada de mantequilla

2 cucharadas de vinagre balsámico

3 cucharadas de eneldo fresco, picado

100g de avellanas, asadas y picadas

2 cucharadas de crema agria o yogur
    (opcional)

Pimienta negra al gusto

Preparación

1   Si los betabeles tienen los tallos, quitarlos y reservarlos. Lavar los betabeles y tallarlos hasta que estén limpios. Si es necesario cortar la parte inferior, con cuidado de no cortar el betabel.

2   Bañar los betabeles con el aceite de oliva y colocarlos en una charola para hornear. Cubrir con papel aluminio y meter al horno a 200°C durante 30-45 minutos o hasta que estén suaves.

3   Sacar los betabeles del horno, dejar enfriar, pelarlos y desechar la piel. Cortar por la mitad a lo largo, sazonar con sal y pimienta al gusto. Lavar los tallos para eliminar la tierra y la sal. En una sartén calentar la mantequilla y añadir los tallos, saltear durante 1 minuto, revolviendo, hasta que se marchiten. Retirar los tallos, añadir el vinagre balsámico a la sartén y dejar que suelte el hervor, mezclar con la mantequilla. Agregar los betabeles pelados a la sartén y bañarlos con el vinagre hasta que reduzca y deje una capa brillante en los betabeles.

4   Pasar los betabeles a un platón y acomodar los tallos. Esparcir encima el eneldo y las avellanas, añadir unas cucharadas de crema agria o yogur (opcional), y pimienta negra al gusto. **Porciones 4**

VERDURAS CON LIMÓN Y CILANTRO

Ingredientes

250g de chícharos chinos

2 manojos de espárragos, cortados en mitades

250g de ejotes

250g de chícharos frescos

125g de tomates cherry, cortados en mitades

Para el aderezo

2 cucharadas de jugo de limón amarillo

3 cucharadas de cilantro, picado

½ taza de aceite de oliva

1 cucharada de vinagre de vino blanco

Preparación

1   Blanquear los chícharos chinos, los espárragos y los ejotes en agua hirviendo durante 30 segundos, colar y refrescar en un tazón de agua muy fría. Colar bien.

2   Cocer los chícharos frescos en agua hirviendo durante 5 minutos o hasta que estén tiernos, colar y refrescar en agua muy fría. Combinar con todas las verduras y los tomates cherry.

3   Para el aderezo, batir todos los ingredientes hasta que se incorporen, verter sobre las verduras, mezclar bien y servir. **Porciones 4**

ENSALADA DE ENDIBIAS CON MANZANAS, QUESO AZUL Y NUECES

Ingredientes

5 cabezas de endibias belgas

1 manzana roja, sin centro, en cuartos, finamente rebanada

1 manzana verde

Jugo de limón amarillo

200g de hojas de rúcula

1 taza de nueces tostadas, picadas grueso

100g de queso azul, desmenuzado

Para el aderezo

¼ taza de aceite de oliva

¼ taza de aceite de nuez

¼ taza de vinagre de jerez

1 chalote grande (parecido al ajo, pero con dientes más grandes), picado

Sal y pimienta al gusto

Preparación

1   Cortar las endibias por la mitad a lo largo, colocarlas sobre una tabla para cortar con el corte hacia abajo y cortar las hojas en tiras finas.

2   Cortar las manzanas sin pelar en rebanadas finas, revolcar en el jugo de limón.

3   Lavar las hojas de rúcula y escurrir bien.

4   En un tazón grande mezclar las tiras de endibia, las rebanadas de manzana, la rúcula, las nueces tostadas y el queso azul.

5   En un tazón pequeño mezclar los aceites, el vinagre y el chalote, sazonar al gusto con sal y pimienta. Verter el aderezo sobre la ensalada y mezclar ligeramente. Servir de inmediato. **Porciones 4**

HABAS CON QUESO PANELA ASADO

Ingredientes

100g de queso panela, en mitades

Aceite para barnizar

250g de habas, frescas
o congeladas

¼ taza de jugo de limón

⅓ taza de aceite de oliva

Sal y pimienta negra molida

4 rodajas de pan pita

Preparación

1   Precalentar la parrilla. Cortar el queso panela en rebanadas delgadas, barnizar con el aceite de oliva y asar hasta que comience a dorar.

2   En un tazón colocar las habas y el queso, añadir el jugo de limón, el aceite de oliva, sal y pimienta negra. Servir con el pan pita tostado. **Porciones 4**

Si las habas son grandes, quitar la piel.

JITOMATES Y BERENJENAS HORNEADOS CON HIERBAS

Ingredientes

3 berenjenas pequeñas

4-5 jitomates Saladet

2 dientes de ajo, picados

1 cucharada de aceite de oliva

10 hojas de albahaca

2 cucharadas de romero fresco

60g de queso feta, desmenuzado

Sal y pimienta troceada al gusto

Ramitas extra de albahaca

Preparación

1 Cortar las berenjenas por la mitad a lo largo, colocarlas con el corte hacia abajo y cortar en rebanadas de ½ cm, comenzar a cortar a 2cm del centro. Voltear las rebanadas de berenjena y esparcir sal encima. Dejar reposar durante 30 minutos, enjuagar y secar bien.

2 Mientras, cortar los jitomates por la mitad y rebanar. Mezclar el ajo y el aceite de oliva. Reservar.

3 En una charola antiadherente colocar las rebanadas de berenjena, alternar una rebanada de jitomate, una de albahaca y otra rebanada de berenjena.

4 Precalentar el horno a 250°C. Barnizar las berenjenas con el aceite de ajo y espolvorear el romero picado. Hornear durante 15 minutos y retirar del horno. Desmenuzar el queso feta sobre las berenjenas, añadir sal y pimienta al gusto. Hornear durante 5 minutos más o hasta que el queso se dore ligeramente.

5 Decorar con las ramitas extra de albahaca y la pimienta negra, bañar con aceite de oliva extra y servir de inmediato. **Porciones 2**

ENSALADA DE MENTA Y CEBADA

Ingredientes

1 taza de cebada

⅓ taza de perejil, finamente picado

2 cucharadas de menta, finamente picada

1 manojo de cebollas de cambray (incluir algunos tallos), finamente picado

2 jitomates, picados

1 pimiento rojo o verde, finamente picado

4 cucharadas de aceite de oliva

2 cucharadas de jugo de limón amarillo

½ cucharadita de sal

Pimienta recién rallada

Preparación

1 En una cacerola grande colocar la cebada con 4 tazas de agua salada hirviendo. Cocer hasta que esté suave, revolviendo, durante 15 minutos aproximadamente. Colar y enjuagar bajo el chorro de agua fría.

2 En un tazón poner la cebada, el perejil, la menta, las cebollas, los tomates y el pimiento. Mezclar el aceite, el jugo de limón, la sal y la pimienta recién molida. Añadir a la ensalada y revolver bien. Refrigerar antes de servir. **Porciones 4**

JITOMATES Y BERENJENAS HORNEADOS
CON HIERBAS

ALCACHOFAS BRASEADAS CON VINO BLANCO

Ingredientes

6 alcachofas

50ml de aceite de oliva

1 cebolla pequeña, pelada, finamente picada

2 dientes de ajo, pelados, finamente rebanados

200ml de vino blanco o jerez seco

Nuez moscada recién rallada

Preparación

1   Retirar los tallos y las hojas exteriores de las alcachofas y lavarlas bien. Cortar cada alcachofa en cuatro pedazos. En una cacerola calentar el aceite, saltear ligeramente la cebolla y el ajo durante 4 minutos. Agregar las alcachofas y el vino, sazonar con sal y nuez moscada. Cocinar ligeramente hasta que estén cocidas, de 20 a 40 minutos, según el tamaño y el tipo de las alcachofas. (Las hojas deben desprenderse fácilmente al jalarlas cuando está cocida). Si el líquido reduce mucho, añadir un poco más de agua.

Porciones 4

ENSALADA INDIA DE GARBANZOS CON ESPINACAS

Ingredientes

2 tazas de garbanzos secos

4 cebollas

1 cucharadita de clavos enteros

4 hojas de laurel

¼ taza de aceite de cacahuate o de oliva

4 dientes de ajo

1 cucharadita de cúrcuma (condimento parecido al azafrán y al jengibre)

2 cucharaditas de comino

2 cucharaditas de garam masala (mezcla de especias aromáticas de la cocina hindú)

3 cucharadas de pasta de tomate

2 pimientos rojos, rebanados

4 calabacitas italianas medianas, rebanadas diagonalmente

Sal y pimienta al gusto

2 manojos de espinacas o 500g de espinacas baby

Preparación

1   Eliminar los garbanzos descoloridos. En una cacerola grande colocar los garbanzos y cubrirlos con agua fría. Pelar 2 cebollas, cortarlas en mitades y agregalas a la cacerola con los garbanzos. Añadir los clavos y las hojas de laurel, dejar que suelte el hervor y cocinar a fuego lento durante 10 minutos, retirar del fuego y dejar remojando durante 2 horas. Colar los garbanzos, desechar las cebollas, los clavos y las hojas de laurel, reservar 2 tazas del líquido de remojo.

2   Picar el resto de las cebollas. En una sartén calentar el aceite y saltear las cebollas con el ajo machacado. Agregar todas las especias y saltear brevemente para que liberen sus aromas. Añadir los garbanzos remojados y las 2 tazas del líquido de remojo, la pasta de tomate y las tiras de pimiento.

3   Tapar y cocinar a fuego lento durante 20 minutos hasta que los garbanzos se suavicen y el líquido se evapore. Añadir las calabacitas italianas, sal y pimienta al gusto, revolver bien, retirar del fuego. Dejar enfriar ligeramente y mezclar con las hojas de espinaca. Enfriar por completo y servir. **Porciones 4**

ENSALADA CRUJIENTE DE LENTEJAS

Ingredientes

1 taza de lentejas

1½ tazas de germen de soya o de alfalfa

½ taza de menta fresca, picada grueso

½ cebolla morada, finamente picada

¼ taza de jugo de naranja fresco

2 cucharadas de aceite de oliva extra virgen

1 cucharada de vinagre balsámico o vinagre de vino

1 cucharadita de ralladura de naranja

1 cucharadita de comino molido

1 cucharadita de sal

Pimienta negra recién molida, al gusto

Preparación

1 En una cacerola con agua hirviendo con sal colocar las lentejas. Cocer a fuego lento durante 30 minutos o hasta que se comiencen a suavizar.

2 Colar las lentejas, enjuagarlas bajo el chorro de agua fría y secarlas con un paño limpio. En un tazón para ensaladas colocar las lentejas junto con el resto de los ingredientes. Revolver bien para mezclar. Tapar y refrigerar durante varias horas antes de servir. Porciones 4 a 6

ENSALADA ITALIANA DE BERENJENAS

Ingredientes

1 berenjena grande

¼ taza de aceite vegetal

2 dientes de ajo

¼ taza de vinagre de vino tinto

⅓ taza de aceite de oliva

⅓ taza de perejil, picado

Hojas de albahaca o eneldo, picadas, al gusto

1 pimiento rojo

1 cebolla de cambray, finamente picada

Preparación

1 Cortar la berenjena en cubos. En una sartén colocar el aceite y freír la berenjena, tapada, hasta que esté suave y ligeramente dorada. Dejar enfriar en un colador para que escurra el exceso de aceite. Mientras, en un procesador de alimentos licuar el ajo, el vinagre, el aceite de oliva, el perejil, la albahaca o eneldo, sal y pimienta al gusto.

2 En un tazón para ensaladas combinar la berenjena con el aderezo. Sobre una estufa de gas asar el pimiento hasta que la piel esté negra. Quitar la piel y enjuagarla frecuentemente en agua fría. Cuando el pimiento esté completamente limpio cortar por la mitad, sacar las semillas y cortar en trozos grandes. Añadir a la ensalada y esparcir la cebolla de cambray. **Porciones 4**

ALIOLI GARNI

Ingredientes

4 dientes de ajo

½ cucharadita de sal

2 yemas de huevo

½ cucharadita de mostaza francesa

Pimienta negra recién molida

Jugo de limón amarillo al gusto

1¼ tazas de aceite de oliva

Preparación

1 Pelar el ajo y machacar con la hoja de un cuchillo. Espolvorear con sal y aplastar con el cuchillo hasta formar una pasta suave. En un tazón mezclar el ajo con las yemas de huevo, la mostaza, la pimienta y el jugo de limón al gusto.

2 Con una cuchara de madera batir la mezcla del ajo e incorporar gradualmente un cuarto de taza de aceite. Después añadir el aceite en un chorro fino y constante sin dejar de batir. El alioli espesa conforme se le agrega más aceite. Comenzar de nuevo si la mezcla se adelgaza y se cuaja; en un tazón colocar una yema de huevo, añadirle muy gradualmente la mezcla cuajada para que el alioli se vuelva a espesar.

3 Colocar el alioli en uno o dos platones para compartir y acompañar la comida. **Porciones 4**

ENSALADA DE PERAS Y BERROS

Ingredientes

125g de queso de cabra suave, machacado

1 cucharada de crema espesa

¼ taza de hojas de berros, finamente picadas

1 cucharada de hojas de perejil, picadas

2 cucharadas de nueces tostadas, picadas

Sal y pimienta recién molida

4 peras maduras

Jugo de 1 limón amarillo

1 manojo de berros, lavados y bien secos

2 cucharadas de vinagre de vino blanco

6 cucharadas de aceite de oliva virgen

Preparación

1 En un tazón pequeño batir el queso de cabra, la crema, los berros, el perejil y las nueces, añadir sal y pimienta recién molida al gusto, incorporar bien. Refrigerar la mezcla.

2 Justo antes de servir cortar las peras a la mitad y con una cuchara quitar el corazón. Colocar unas gotas del jugo de limón en cada hueco y servir un octavo de la mezcla de queso en el centro.

3 Cortar las mitades de pera con queso en gajos gruesos. Acomodar los berros en platos para servir, bañar con el vinagre y el aceite. Colocar encima los gajos de pera con queso. **Porciones 4**

ENSALADA DE CHAMPIÑONES CON CHÍCHAROS CHINOS

Ingredientes

250g champiñones frescos

125g de chícharos chinos

½ taza de mayonesa

4 cucharadas de crema agria ligera

1 cucharada de perejil, 1 de perifollo, 1 de cebollín, picadas

1 cucharada de jugo de limón verde o amarillo

Sal y pimienta negra recién molida

Cebollín picado extra para decorar

Preparación

1 Cortar los champiñones en rebanadas muy finas. Remojar los chícharos chinos en agua hirviendo durante 10 segundos, colar y refrescar en agua fría. Cortarlos en tres partes diagonalmente.

2 En un tazón colocar los chícharos chinos con los champiñones. En otro tazón combinar la mayonesa, la crema agria, las hierbas, el jugo de limón, sal y pimienta. Bañar el aderezo sobre la mezcla de champiñones. Pasar a un tazón para servir y decorar con el cebollín extra. **Porciones 4**

ENSALADA DE CHAMPIÑONES, ESPINACAS Y QUESO PARMESANO

Ingredientes

1 manojo de espinacas

250g de champiñones

1 cucharadita de jugo de limón o vinagre balsámico

Sal y pimienta negra recién molida

2 cucharadas de aceite de oliva extra virgen

60g de queso parmesano, cortado en láminas con un pelador

Preparación

1   Lavar bien las espinacas, cortar en trozos y secar. Si se preparan con antelación colocarlas en una bolsa de plástico y refrigerar hasta usarlas para que estén crujientes y frías. Acomodar sobre platos individuales.

2   Justo antes de servir, en un procesador de alimentos con la hoja para rebanar, rebanar los champiñones, finamente, colocarlos en un tazón con el jugo de limón o vinagre.

3   Añadir sal y pimienta al gusto y revolver bien, servir los champiñones sobre las hojas de espinacas. Bañar la ensalada con el aceite de oliva, esparcir el queso parmesano en láminas y sazonar con pimienta. **Porciones 4**

cocina selecta

platos fuertes

TARTA DE JITOMATES CON MOSTAZA Y QUESO BRIE

Ingredientes

175g de harina común

Sal de mar

Pimienta negra recién molida

75g de mantequilla, en cubos

½ taza de leche

2 yemas de huevo medianas

4 jitomates Saladet, rebanados

125g de queso brie, finamente rebanado

Para el aceite de hierbas

1 cucharada de albahaca fresca, finamente picada

1 cucharada de perejil fresco, finamente picado

1 cucharada de cilantro fresco, finamente picado

2 cucharadas de aceite de oliva extra virgen

Preparación

1   Cernir la harina y una pizca de sal. Pasar a un bol, con los dedos incorporar la mantequilla hasta que forme migajas. Añadir 2 cucharadas de agua fría y mezclar hasta formar una masa. Tapar y refrigerar durante 20 minutos. Con la masa forrar un molde de metal para flan de 20cm, dejar enfriar durante 10 minutos más.

2   Precalentar el horno a 190°C. Forrar el molde con papel para hornear y colocar encima frijoles crudos (o algo que haga peso), hornear de 10 a 12 minutos. Retirar los frijoles y el papel, hornear la pasta durante 5 minutos más. Reservar y reducir la temperatura del horno a 180°C.

3   En un tazón incorporar la leche, las yemas de huevo y el ajo, sazonar al gusto. Esparcir la mostaza sobre la base de la pasta y espolvorear el queso cheddar. Acomodar los jitomates y el queso brie encima, verter la mezcla de los huevos. Hornear de 30 a 35 minutos hasta que cuaje y esté dorada. Para el aceite de hierbas mezclar todos los ingredientes y verter sobre la tarta. Servir caliente. **Porciones 4**

SALCHICHA CON VERDURAS

Ingredientes

1 papa grande, en rebanadas de 1cm

1 cucharada de aceite vegetal

½ cebolla, picada

4 salchichas vegetarianas, en mitades diagonalmente

1 chirivía pequeña (raíz de mucho sabor parecida a la zanahoria), rebanada

1 manzana, pelada, sin centro, rebanada

1 zanahoria pequeña, rebanada

1 calabaza zucchini, rebanada

1 cucharada de puré de tomate

200ml de caldo de verduras

100ml de jugo de manzana

Pimienta negra

1 cucharada de leche

Preparación

1   Precalentar el horno a 190°C. Cocer las rebanadas de papa de 10 a 15 minutos, hasta que estén suaves, colar. Mientras, en una sartén grande de base gruesa calentar el aceite. Añadir las cebollas y las salchichas, freír durante 5 minutos o hasta que la cebolla esté suave y las salchichas estén doradas.

2   Añadir la chirivía, la manzana, la zanahoria, la calabaza, el puré de tomate, el caldo de verduras y el jugo de manzana, revolver bien. Sazonar y pasar a un recipiente para horno. Acomodar las rebanadas de papa encima y barnizar con la leche. Hornear durante 40 minutos. Aumentar la intensidad a 220°C, destapar y hornear durante 20 minutos más para dorar las papas. **Porciones 4**

TARTA DE JITOMATES CON MOSTAZA Y QUESO BRIE

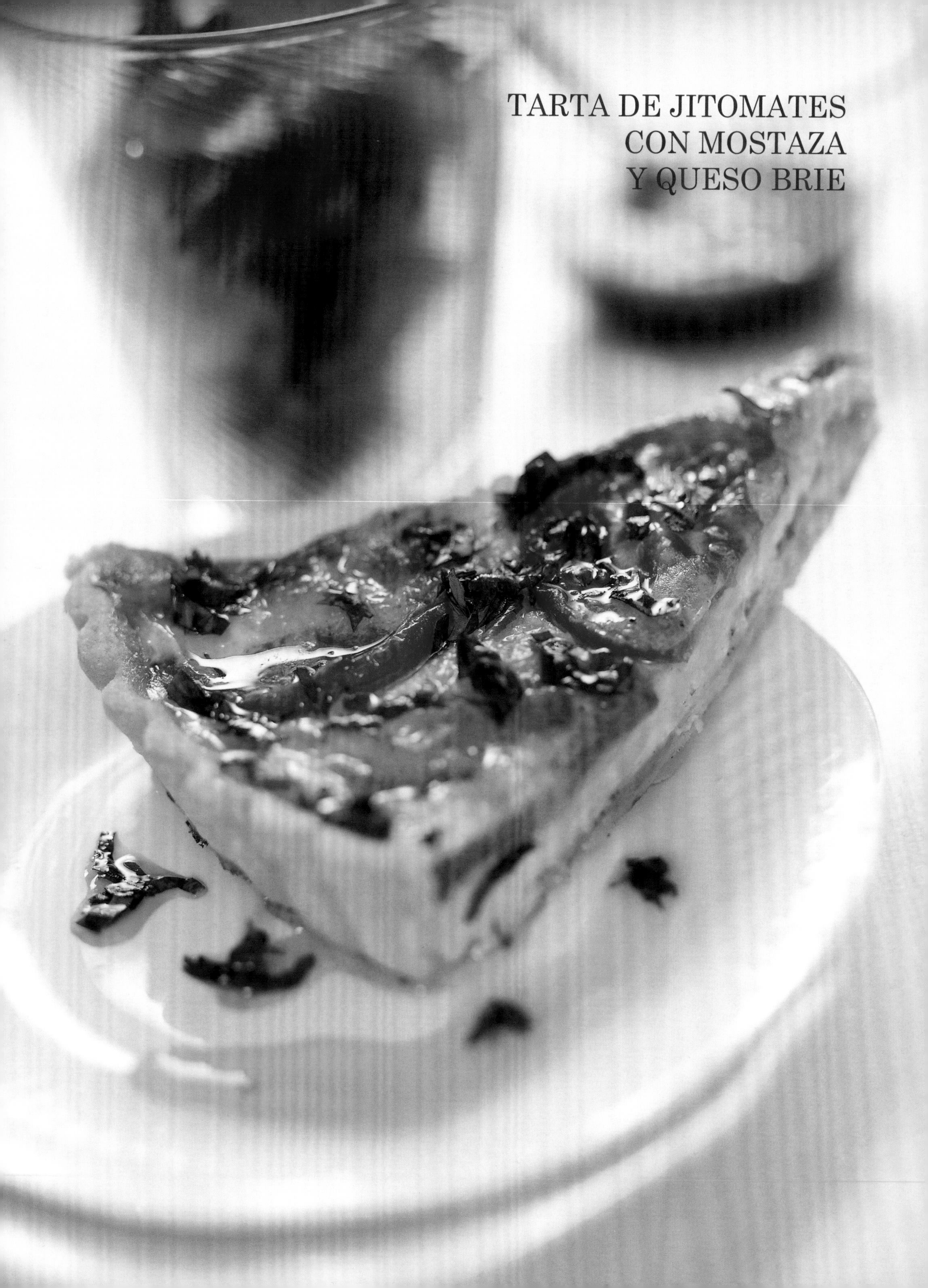

RISOTTO DE CHAMPIÑONES

Ingredientes

2 cucharadas de mantequilla

500g de champiñones variados (ostra, shiitake, portobello, porcini), rebanados

2 cucharadas de aceite de oliva

2 dientes de ajo, machacados

1 poro, finamente rebanado

4 tazas de caldo de verduras

2 tazas de arroz Arborio o de grano corto

½ taza de vino blanco

Ralladura fina de 1 limón amarillo

½ taza de queso pecorino o de cabra, rallado

½ taza de queso parmesano, rallado

2 cucharadas de perejil, picado

Preparación

1   En una sartén calentar la mantequilla, añadir los champiñones y saltear durante unos minutos. Retirar del fuego y reservar.

2   En una sartén grande de base gruesa calentar el aceite, añadir el ajo y el poro, saltear de 5 a 6 minutos. Mientras, en una cacerola colocar el caldo y hervir a fuego lento.

3   Añadir el arroz a la mezcla del ajo y el poro, revolver durante 1 minuto para cubrir el arroz con el aceite. Añadir el vino blanco y cocer hasta que el líquido se absorba. Comenzar a agregar el caldo, poco a poco, sin dejar de revolver, hasta que el líquido se absorba y el arroz esté cocido.

4   Incorporar los champiñones, la ralladura de limón, los quesos y el perejil, servir de inmediato. **Porciones 4 a 6**

RISOTTO DE CHAMPIÑONES Y ACEITUNAS NEGRAS

Ingredientes

25g de hongos porcini secos

3 cucharadas de aceite de oliva

1 cebolla, picada

225g de champiñones grandes, picados

1 ½ tazas de arroz Arborio o de grano corto

450ml de caldo de verduras

2 cucharadas de aceitunas negras, sin hueso, picadas

Sal y pimienta negra

2 cucharadas de pasta de aceitunas negras

Queso parmesano fresco, para servir

Preparación

1   En una cacerola con 200ml de agua hirviendo colocar los hongos porcini, dejar remojar durante 20 minutos. Colar, reservar el líquido de cocción, reservar los hongos. En una sartén grande de base gruesa calentar el aceite, añadir la cebolla y los champiñones, saltear de 4 a 5 minutos. Agregar el arroz y revolver para cubrir con el aceite. Freír de 1 a 2 minutos.

2   Añadir los hongos porcini y el líquido reservado al arroz junto con 225ml del caldo de verduras y las aceitunas. Cocinar a fuego lento, tapada, durante 10 minutos o hasta que el líquido se absorba, revolver ocasionalmente.

3   Añadir 100ml del caldo y cocinar durante 5 minutos más, tapada, hasta que el líquido se absorba. Añadir el resto del caldo, sazonar y agregar la pasta de aceitunas, cocinar sin tapar otros 5 minutos, revolver constantemente. Retirar del fuego y dejar reposar, tapada, durante 5 minutos. Con un pelador rebanar el queso parmesano en láminas y colocarlo encima, servir. **Porciones 4**

PIZZA DE CHAMPIÑONES

Ingredientes

400g de tomates de lata, picados

2 cucharadas de aceite de oliva

250g de champiñones, finamente rebanados

2 dientes pequeños de ajo, finamente machacados

Sal y pimienta negra

1 cucharadita de orégano seco

2 bases para pizza de 23cm

2 cucharadas de queso parmesano, finamente rallado

150g de queso mozzarella, picado

Preparación

1 En una cacerola colocar los tomates y cocer a fuego medio de 15 a 20 minutos, revolver de vez en cuando, hasta que la salsa se reduzca y espese.

2 En otra sartén a fuego medio poner el aceite y calentar durante 1 minuto. Añadir los champiñones, el ajo, la sal, la pimienta y el orégano, saltear revolviendo de vez en cuando de 7 a 10 minutos, hasta que estén suaves.

3 Mientras precalentar el horno al máximo —por lo general, 240°C—. En una charola grande para horno colocar las pizzas juntas. Verter la mitad de la salsa de tomate en cada pizza y con el dorso de una cuchara esparcir hasta las orillas.

4 Repartir la mitad de la mezcla de los champiñones en cada pizza. Espolvorear el queso parmesano y el mozzarella encima. Hornear de 8 a 10 minutos, hasta que el queso mozzarella esté dorado y burbujee.
Porciones 4

FRITO DE VERDURAS

Ingredientes

2 cucharadas de aceite vegetal

1 raíz de jengibre de 5cm, pelada, finamente picada

3 dientes de ajo, finamente machacados

2 cucharadas de jerez seco

1 pimiento amarillo, sin semillas, picado en trozos de 2.5cm

1 pimiento rojo, sin semillas, picado en trozos de 2.5cm

2 zanahorias medianas, peladas, finamente rebanadas en diagonal

350g de brócoli, cortado en racimos de 2.5cm, los tallos finamente rebanados

300g de champiñones, rebanados

2 cucharadas de salsa de soya

8 cebollas de cambray, en rebanadas diagonales de 1cm

Preparación

1 Calentar un wok o sartén grande de base gruesa. Añadir el aceite y girar el wok para cubrir la base y los lados.

2 Agregar el jengibre y el ajo, saltear durante 30 segundos, revolviendo. Añadir el jerez y cocinar durante 15 segundos más. Agregar los pimientos y las zanahorias, saltear revolviendo durante 5 minutos o hasta que las verduras comiencen a suavizarse.

3 Añadir el brócoli, los champiñones y la salsa de soya, saltear revolviendo durante 3 minutos o hasta que todas las verduras comiencen a estar tiernas. Añadir las cebollas de cambray y revolver durante 1 minuto más. Servir de inmediato. **Porciones 4**

PILAF DE ARROZ Y CHABACANOS

Ingredientes

3 cucharadas de aceite o mantequilla

1 cebolla grande, finamente picada

1½ tazas de arroz

3½ tazas de agua caliente

Sal y pimienta negra recién molida

2 cucharadas de perejil, finamente picado

2 cucharadas de jugo de limón amarillo

200g de chabacanos deshidratados

2 cucharadas de pasas, sin semilla

50g de almendras, blanqueadas y tostadas

Preparación

1 En una cacerola grande calentar el aceite o la mantequilla, saltear la cebolla hasta que tome un color pálido. Añadir el arroz y revolver durante 30 segundos para cubrir con el aceite.

2 Agregar el agua caliente, sal, pimienta, el perejil y el jugo de limón. Tapar y cocinar a fuego lento durante 10 minutos.

3 Incorporar los chabacanos enteros, las pasas y las almendras, cocinar a fuego lento durante 5 minutos o un poco más. Retirar del fuego y antes de servir dejar reposar, tapada, durante 5 minutos. Servir caliente con guarnición de ensalada. **Porciones 4**

SUFLÉ DE ESPINACAS

Ingredientes

450g de espinacas frescas

25g de mantequilla

1 cucharada de queso parmesano, finamente rallado

25g de harina común

1 taza de leche

4 huevos medianos, separados, 1 clara extra

100g de queso cheddar, finamente rallado

Pimienta negra

1 pizca grande de nuez moscada molida

Preparación

1 Enjuagar las espinacas, retirar los tallos gruesos y colocar en una cacerola grande. Tapar y cocer a fuego lento de 4 a 5 minutos o hasta que se marchite. Colar y escurrir el exceso de líquido. Picar grueso y reservar.

2 Precalentar el horno a 190°C. Engrasar con mantequilla un platón para suflé de 18 cm con capacidad de 1½ litros, espolvorear el queso parmesano y reservar. En una sartén calentar ligeramente la mantequilla, la harina y la leche, revolver continuamente hasta que la salsa hierva. Cocinar a fuego lento durante 3 minutos, revolviendo. Pasar a un tazón grande, añadir las espinacas y mezclar bien. Poco a poco incorporar las yemas de huevo y 75g del queso cheddar, sazonar con pimienta y nuez moscada. En un tazón limpio batir las claras de huevo hasta que espesen (es más fácil con una batidora eléctrica), incorporar a la mezcla de las espinacas.

3 Colocar la mezcla en el platón y espolvorear el resto del queso cheddar. Hornear durante 30 minutos o hasta que suba y esté ligeramente cuajado. **Porciones 4**

PENNE CON PIMIENTOS Y QUESO MASCARPONE

Ingredientes

2 cucharadas de aceite de oliva

1 diente de ajo, machacado

2 cebollas moradas, picadas

1 pimiento rojo, 1 pimiento amarillo, 1 pimiento verde, sin semillas, cortados en trozos de 1cm

275g de penne seco

200g de queso mascarpone

Jugo de ½ limón amarillo

4 cucharadas de perejil de hoja lisa, picado

Pimienta negra

4 cucharadas de queso parmesano recién rallado

Preparación

1 En una sartén grande calentar el aceite, saltear el ajo, las cebollas y los pimientos durante 10 minutos, revolver frecuentemente, o hasta que las verduras estén suaves. En una cacerola grande colocar agua salada y dejar que suelte el hervor, añadir la pasta y cocer durante 8 minutos o hasta que esté suave pero firme en el centro (al dente). Colar, reservar y mantener caliente.

2 Añadir la mitad del mascarpone, el jugo de limón y el perejil a la mezcla del pimiento, sazonar. Cocer durante 5 minutos o hasta que el queso se derrita.

3 Incorporar el resto del queso mascarpone a la pasta, añadir la mezcla de los pimientos, revolver bien. Servir con un poco de queso parmesano. **Porciones 4**

TORTELLINI CON TOMATES Y SALSA DE CREMA

Ingredientes

50g de mantequilla sin sal

1 cebolla pequeña, picada muy fino

1 tallo de apio, picado muy fino

400ml de puré de tomate

½ cucharadita de azúcar extrafina

150ml de crème fraîche o crema fresca

Sal y pimienta negra

600g de tortellini de espinacas y ricota, frescos

Queso parmesano recién rallado para servir

Preparación

1 En una sartén de base gruesa colocar la mantequilla, la cebolla, el apio, el puré de tomate y el azúcar, calentar hasta que suelte el hervor. Cocinar a fuego lento, sin tapar durante 30 minutos o hasta que las verduras estén suaves
y la salsa esté espesa.

2 Incorporar la crème fraîche, sazonar y dejar que suelte el hervor, revolviendo. Cocinar a fuego lento durante 1 minuto, añadir más sal y pimienta si es necesario.

3 En una sartén grande hervir agua salada, agregar la pasta y cocer de 2 a 3 minutos o hasta que esté suave, pero firme en el centro (al dente), colar. Pasar a un platón caliente y verter la salsa encima. Servir con queso parmesano. **Porciones 4**

CUSCÚS DE VERDURAS ASADAS

Ingredientes

4 chirivías, en trozos (raíz de mucho sabor parecido a la zanahoria)

Sal

2 camotes, en trozos

4 nabos, en cuartos

2 dientes de ajo, machacados

5 cucharadas de aceite de oliva

4 cucharadas de jalea de manzana o grosella roja

300g de cuscús (pequeños granos de sémola de trigo)

500g de jitomates Saladet, picados

1 manojo de perejil fresco, 1 de cebollín, 1 de albahaca, picados

Jugo de 1 limón amarillo

300g de brócoli, en racimos

Preparación

1   Precalentar al horno a 200°C. En una cacerola con agua hirviendo con sal cocer las chirivías durante 2 minutos, colar. Ponerlas en una charola para hornear junto con los camotes, los nabos, el ajo y 3 cucharadas del aceite, revolver para cubrir. Espolvorear con sal, cocer durante 30 minutos o hasta que estén ligeramente dorados.

2   En una sartén con 4 cucharadas de agua derretir la jalea de manzana o de grosella de 2 a 3 minutos, hasta que tenga consistencia de jarabe. Voltear las verduras de la charola y bañar con el jarabe. Hornear durante 10 minutos o hasta que estén doradas y brillantes.

3   Mientras preparar el cuscús siguiendo las instrucciones del paquete. En una sartén calentar el resto del aceite y saltear los jitomates de 2 a 3 minutos, hasta que estén suaves. Agregar el cuscús y calentar bien, incorporar las hierbas y el jugo de limón. Mientras hervir el brócoli durante 2 minutos o hasta que esté tierno, colar. Servir el cuscús con las verduras asadas y colocar el brócoli encima. **Porciones 4**

CALABAZAS CON RISOTTO

Ingredientes

4-6 calabazas de castilla

4-5 tazas de caldo de verduras

Sal y pimienta negra recién molida

1 cebolla pequeña, finamente picada

½ taza de calabaza rallada

75g de mantequilla

1¼ tazas de arroz Arborio o de grano corto

3 cucharadas de queso parmesano recién rallado

Preparación

1   Precalentar el horno a 190°C. Lavar las calabazas, secarlas y frotarlas con un poco de aceite. Colocar en una charola y hornear de 40 a 50 minutos hasta que estén suaves al picarlas con un palillo.

2   Mientras cocer el risotto. En una cacerola colocar el caldo y dejar que suelte el hervor, sazonar con sal y pimienta, dejar cocinando a fuego lento. En una sartén saltear la cebolla picada y la calabaza rallada en 60g de la mantequilla hasta que estén suaves. Agregar el arroz a la cacerola y cocer a fuego medio, revolviendo constantemente, durante 3 minutos o hasta que el arroz se acitrone. Verter una taza de caldo caliente a la mezcla del arroz y cocer, revolviendo constantemente, hasta que se absorba todo el líquido. Agregar todo el caldo, taza por taza, hasta que el arroz esté suave. Retirar del fuego e incorporar el resto de la mantequilla y el queso parmesano rallado.

3   Cortar la parte superior de cada calabaza, con una cuchara sacar las semillas y desechar. Rellenar cada calabaza con el risotto y servir de inmediato. **Porciones 4**

CUSCÚS DE VERDURAS ASADAS

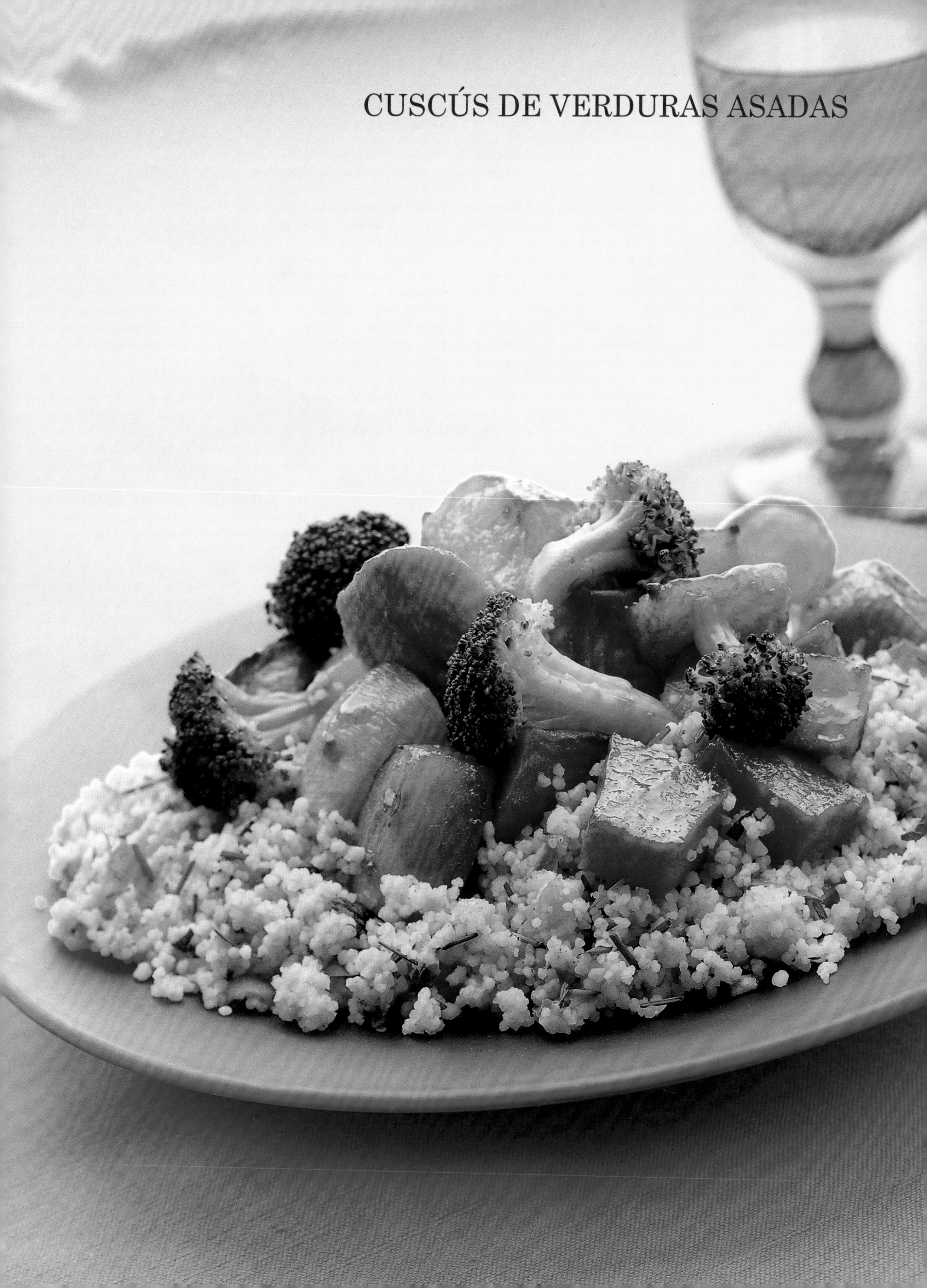

RISOTTO CON ESPINACAS BABY Y QUESO GORGONZOLA

Ingredientes

4 tazas de caldo de verduras

2 cucharadas de aceite de oliva

2 dientes de ajo, machacados

1 cebolla, finamente picada

2 tazas de arroz Arborio o de grano corto

½ taza de vino blanco

220g de espinacas baby

220g de queso gorgonzola, en trocitos

Sal y pimienta negra recién molida

Preparación

1 En una cacerola colocar el caldo y dejar que suelte el hervor. Dejar cocinando a fuego lento.

2 En una cacerola grande calentar el aceite, añadir el ajo y la cebolla, saltear durante 5 minutos o hasta que esté suave. Agregar el arroz y revolver para cubrir bien con el aceite.

3 Verter el vino y cocer hasta que el líquido se absorba. Con un cucharón añadir una cucharada de caldo, revolver constantemente, hasta que el líquido se absorba, añadir la siguiente cucharada de caldo. Continuar añadiendo caldo de la misma manera hasta terminarlo y que el arroz esté cocido y un poco firme al morderlo.

4 Agregar las espinacas, el queso y sazonar, revolver y cocinar hasta que las espinacas se marchiten y el queso se derrita. Servir de inmediato. **Porciones 6**

SALCHICHAS GLAMORGAN CON ENSALADA DE TOMATES

Ingredientes

100g de papas

Sal y pimienta negra

100g de pan blanco rallado

150g de queso Lancashire o Caerphilly, rallado

1 poro pequeño, finamente picado

¼ cucharadita de salvia seca

1 cucharada de perejil fresco, picado

1 pizca de pimienta de Cayena

1 huevo mediano, 2 yemas extra

3 cucharadas de harina común

Aceite para freír

Para la ensalada

3 cucharadas de aceite de oliva

2 cucharadas de vinagre balsámico

1 pizca de azúcar morena

150g de tomates cherry

1 cebolla morada, finamente rebanada

5cm de pepino, rebanado

Hojas de albahaca fresca

Preparación

1 En agua hirviendo con sal cocer las papas de 15 a 20 minutos, hasta que estén tiernas. Colar bien, machacar y dejar enfriar durante 15 minutos. Mezclar las papas con la mitad del pan rallado, el queso, el poro, la salvia y el perejil. Sazonar con sal, pimienta y pimienta de Cayena. Incorporar con las yemas de huevo. Con las manos formar 12 salchichas. Tapar y refrigerar durante 1 hora.

2 Sazonar la harina. Batir el huevo entero. Revolcar las salchichas en la harina, remojar en el huevo batido y revolcar en el resto del pan rallado. En una sartén grande calentar 5mm del aceite y freír la mitad de las salchichas, volteando, durante 10 minutos o hasta que estén doradas. Escurrir sobre papel absorbente y mantener calientes mientras se fríe el resto.

3 Para hacer la ensalada. Batir el aceite, el vinagre y el azúcar. Cortar los tomates a la mitad e incorporar al aderezo junto con la cebolla, el pepino y la albahaca. Sazonar y servir con las salchichas. **Porciones 4**

FUSILLI CON BERENJENA Y TOMATES

Ingredientes

2 berenjenas pequeñas

½ taza de aceite de oliva

1 diente de ajo

4 jitomates Saladet medianos

Sal y pimienta

1-2 cucharadas de albahaca, picada

300g de fusilli seco

2 cucharadas de queso parmesano, rallado

Preparación

1 Pelar la berenjena y picarla. En una sartén colocar la mitad del aceite de oliva, añadir el ajo y la berenjena. Saltear ligeramente hasta que estén tiernos.

2 Mientras, pelar los jitomates, quitar las semillas y picarlos.

3 Verter el resto del aceite a la sartén y añadir los jitomates. Freír durante 5 minutos, añadir sal, pimienta y albahaca.

4 En una cacerola hervir agua salada, agregar el fusilli y cocer durante 8 minutos o hasta que esté suave, y el centro firme (al dente), colar. Incorporar a la berenjena y los jitomates, espolvorear el queso rallado y la pimienta negra, revolver bien. **Porciones 4 a 6**

ÑOQUIS DE PAPA

Ingredientes

1kg de papas

1¾ taza de harina común

Preparación

1 Cepillar las papas. En una cacerola colocar las papas con suficiente agua para cubrirlas. Tapar y hervir hasta que estén suaves sin que se rompan. Colar, dejar enfriar un poco y pelar. Hacerlas puré con un machacador de papas.

2 Cuando las papas estén suficientemente frías como para manejarlas con las manos comenzar a incorporar la harina, cuando comience a ponerse dura pasar la mezcla a una superficie enharinada y amasar hasta formar una masa suave y elástica.

3 Enharinarse las manos y una superficie de trabajo, tomar un puño de masa y amasar ligeramente para darle forma de salchicha. Cortar en rebanadas de 2cm.

4 Utilizar un tenedor con los dientes delgados y las puntas redondas (es mejor usar un tenedor de madera, pero no es fácil de encontrar). Sostener el tenedor con la mano izquierda con los dientes hacia abajo. Tomar una rebanada de la masa y, con el dedo pulgar, presionar suavemente la masa contra los dientes de manera que el ñoqui se enrolle y caiga sobre un paño limpio. Repetir con el resto de la masa. Los ñoquis deben quedar en forma espiral conforme pasan por el tenedor. Otra alternativa es enrollar cada rebanada de masa con la mano para darle forma curva y con un tenedor marcar los surcos. La forma no sólo es decorativa, sino que ayuda a que el centro sea más delgado para que los ñoquis se cuezan de manera uniforme, los surcos sirven para mantener el sabor de la salsa.

5 En una cacerola grande con agua hirviendo con sal dejar caer los ñoquis (aproximadamente 20 ñoquis por tanda). Flotan a la superficie cuando están listos. Cocer durante 10 segundos más, retirar del agua con una cuchara coladora y ponerlos en un plato caliente. Espolvorear con queso parmesano recién rallado y trozos de mantequilla, revolver ligeramente. Servir de inmediato. **Porciones 4**

NOODLES CON BRÓCOLI Y ZANAHORIAS

Ingredientes

250g de noodles precocidos
(fideos chinos de harina de trigo)

3 cucharadas de aceite vegetal

2.5cm de raíz de jengibre fresco,
finamente picada

2 chiles rojos, sin semillas,
finamente picados

4 dientes de ajo, finamente
rebanados

2 cebollas, finamente rebanadas

2 cucharadas de miel

300ml de caldo de verduras
o vino blanco

3 cucharadas de vinagre de vino
blanco

600g de brócoli, cortado
en racimos

300g de zanahorias, cortadas
en tiras con un pelador

Cebollín fresco, picado,
para decorar

Preparación

1   Preparar los noodles de acuerdo a las instrucciones del paquete, colar. En un wok o sartén grande de base
gruesa calentar el aceite, añadir el jengibre y los chiles, saltear revolviendo de 1 a 2 minutos para suavizar.

2   Agregar el ajo y las cebollas, saltear revolviendo de 5 a 6 minutos, hasta que las cebollas se doren.
Incorporar la miel y cocinar de 6 a 8 minutos, hasta que la miel comience a caramelizarse.

3   Añadir el caldo de verduras o el vinagre a la mezcla de la cebolla. Dejar que suelte el hervor, reducir el fuego
y cocinar a fuego lento, sin tapar, durante 8 minutos o hasta que el líquido se reduzca ligeramente. Incorporar
el brócoli y las zanahorias, tapar y cocinar a fuego lento de 8 a 10 minutos o hasta que las verduras estén
cocidas y crujientes.

4   Incorporar los noodles y mezclar bien. Cocinar de 2 a 3 minutos hasta que los noodles estén calientes y casi
todo el líquido se haya evaporado. Esparcir el cebollín justo antes de servir. **Porciones 6**

PASTA CON DOBLE SALSA DE TOMATE

Ingredientes

1 cucharada de aceite de oliva extra virgen

1 cebolla morada, finamente picada

2 tallos de apio, finamente picados

400g de tomates de lata, picados

1 cucharada de puré de tomate

1 taza de caldo de verduras

225g de tomates cherry, en mitades

1 cucharadita de azúcar morena

Sal de mar y pimienta negra recién molida

340g de pasta seca, como fusilli o penne

4 cucharadas de crème fraîche o crema fresca (opcional)

Preparación

1   En una sartén grande de base gruesa calentar el aceite, añadir la cebolla morada y el apio, saltear sin tapar durante 5 minutos a fuego medio, hasta que las verduras estén tiernas. Añadir los tomates picados, el puré de tomate y el caldo, dejar que suelte el hervor. Cocinar a fuego lento, sin tapar, durante 15 minutos, revolviendo ocasionalmente, hasta que se reduzca y espese.

2   Añadir los tomates cherry y el azúcar y sazonar generosamente, a continuación revolver suavemente durante unos 3 minutos, hasta que se caliente.

3   En una cacerola colocar agua con sal, dejar que suelte el hervor y añadir la pasta, cocer durante 8 minutos o hasta que esté suave, pero firme en el centro (al dente), colar. Verter la salsa sobre la pasta, revolver ligeramente para evitar romper los tomates cherry y servir con una cucharada de crème fraîche (opcional).
Porciones 4

HORNEADO DE VERDURAS

Ingredientes

1 cebolla, rebanada

2 poros, rebanados

2 tallos de apio, picados

2 zanahorias, finamente rebanadas

1 pimiento rojo, sin semillas, rebanado

500g de verduras mixtas, como camote, chirivía y nabo, en trozos

175g de champiñones, rebanados

400g de tomates de lata, picados

6 cucharadas de sidra seca

1 cucharadita de tomillo seco

1 cucharadita de orégano seco

Pimienta negra

Hierbas frescas, como albahaca y cilantro, para decorar

Preparación

1   Precalentar el horno a 180°C. En una charola grande para hornear colocar la cebolla, los poros, el apio, las zanahorias, el pimiento, las verduras en trozos y los champiñones, revolver bien. Incorporar los tomates, la sidra, el tomillo, el orégano y la pimienta negra.

2   Tapar y hornear en el centro del horno de 1 a 1½ horas, hasta que las verduras estén bien cocidas y suaves, voltear una o dos veces. Decorar con las hierbas frescas. **Porciones 4**

PASTA PRIMAVERA

Ingredientes

50g de mantequilla

225g de espinacas baby

500g de chícharos, sin vaina

500g de habas, sin vaina

Sal y pimienta negra

4 cucharadas de crème fraîche o crema fresca

1 manojo de cebollas de cambray, finamente rebanadas

2 cucharadas de perejil fresco, finamente picado

75g de queso parmesano, rallado

350g de penne

Preparación

1 En una cacerola derretir la mantequilla, añadir las espinacas, tapar y saltear durante 5 minutos o hasta que las hojas se marchiten. Reservar mientras se enfrían. En un poco de agua hirviendo con sal cocer los chícharos y las habas durante 5 minutos o hasta que estén suaves, colar.

2 En un procesador de alimentos, o con una batidora de mano, licuar las espinacas y la crème fraîche hasta obtener un puré. Devolver el puré a la cacerola, incorporar los chícharos y las habas. Agregar las cebollas de cambray y el perejil, sazonar y añadir la mitad del parmesano. Mantener caliente a fuego lento.

3 En una cacerola grande con agua hirviendo con sal cocer la pasta durante 8 minutos o hasta que esté suave, pero firme en el centro (al dente). Colar, revolver con la salsa de espinacas. Servir con el resto del queso parmesano. **Porciones 4**

PASTA CON QUESO DE CABRA Y ESPÁRRAGOS

Ingredientes

1 cucharada de aceite de girasol

25g de mantequilla

2 cebollas moradas, finamente rebanadas

1 diente de ajo, finamente picado

Sal de mar

275g de pasta seca, como penne

250g de espárragos, cortados en trozos pequeños

150g de chícharos, frescos o congelados

200g de queso de cabra, desmenuzado

Pimienta negra recién molida

Preparación

1 En una sartén calentar el aceite y la mantequilla, saltear la cebolla a fuego medio durante 7 minutos, revolviendo ocasionalmente. Añadir el ajo y saltear durante 3 minutos más, hasta que las cebollas estén doradas y crujientes.

2 Mientras, en una cacerola con agua hirviendo con sal cocer la pasta durante 5 minutos, agregar los espárragos y cocer durante 2 minutos más, añadir los chícharos y cocer otros 2 minutos. Colar bien cuando estén cocidos.

3 Regresar la pasta y las verduras a la cacerola e incorporar casi todas las cebollas, reservar un poco para decorar. Agregar el queso de cabra y suficiente pimienta negra recién molida, mezclar bien. Servir con el resto de las cebollas crujientes. **Porciones 4**

ROULADE DE ELOTES DULCES Y CHAMPIÑONES

Ingredientes

65g de mantequilla

125g de champiñones, picados

65g de harina común

150ml de caldo de verduras

125g de elotes dulces, de lata o congelados, colados o descongelados

175ml de leche

4 huevos medianos, separados

Para la salsa

1 pimiento rojo, sin semillas, cortado a la mitad

2 jitomates Saladet

150g de yogur griego

1 cucharada de cilantro fresco, picado

Sal y pimienta negra

Preparación

1 Precalentar el horno a 200°C. Para hacer la salsa, asar el pimiento durante 20 minutos. Dejar enfriar durante 10 minutos, quitar la piel y picar. En un tazón colocar los jitomates, cubrirlos con agua hirviendo, dejar remojar durante 3 segundos. Pelar, quitar las semillas y picar, mezclar con el pimiento, el yogur, el cilantro y sazonar.

2 En una sartén derretir 15g de la mantequilla, saltear los champiñones de 3 a 4 minutos. Añadir 15g de la harina, revolver durante 1 minuto, retirar del fuego y añadir gradualmente el caldo. Cocinar a fuego lento, revolviendo, de 1 a 2 minutos, hasta que espese. Añadir los elotes dulces y mantener caliente. Engrasar ligeramente con mantequilla un molde de 25 x 30 cm y forrar con papel para hornear.

3 En una sartén derretir el resto de la mantequilla e incorporar el resto de la harina. Cocinar durante 1 minuto, retirar del fuego y añadir lentamente la leche. Dejar que suelte el hervor, revolviendo. Cocer ligeramente e incorporar las yemas de huevo. Batir las claras hasta que estén rígidas e incorporarlas a la mezcla de las yemas. Verter la mezcla en el molde, hornear durante 15 minutos o hasta que esté dorada. Voltear, desmoldar y retirar el papel para hornear. Esparcir encima el relleno de champiñones y elotes, enrollar y servir con la salsa. **Porciones 4**

PASTA CON QUESO DE CABRA Y ESPÁRRAGOS

LINGUINE CON POROS Y CHAMPIÑONES

Ingredientes

500g de poros, rebanados

275g de champiñones, rebanados

1 hoja de laurel

40g de mantequilla

40g de harina común

2 tazas de leche

2 cucharadas de cebollín fresco, cortado con tijeras, extra para decorar

Pimienta negra

500g de linguine fresco

Preparación

1 En una cacerola con agua hirviendo cocer al vapor los poros, los champiñones y la hoja de laurel de 10 a 15 minutos, hasta que estén suaves. Retirar la hoja de laurel y mantener las verduras calientes.

2 En una sartén derretir la mantequilla, añadir la harina y cocinar ligeramente durante 1 minuto, revolviendo. Retirar del fuego y añadir gradualmente la leche. Regresar al fuego y dejar que suelte el hervor, sin dejar de revolver, hasta que espese. Reducir el fuego y cocinar a fuego lento durante 2 minutos. Incorporar las verduras, el cebollín y sazonar con pimienta negra, calentar bien.

3 En una cacerola con agua hirviendo con sal colocar la pasta y cocer durante 8 minutos o hasta que esté suave, pero firme en el centro (al dente). Colar y devolver a la cacerola, añadir la salsa de poros y champiñones, revolver ligeramente. Decorar con el cebollín fresco. Porciones 4

PASTA VERDE

Ingredientes

75g de ejotes, en mitades a lo largo

75g de espinacas congeladas, descongeladas, picadas

150g de tagliatelle verde seco

2 cucharaditas de aceite de oliva

20g de mantequilla

1 diente de ajo, machacado

3 cucharadas de crème fraîche o crema fresca

½ cucharadita de pesto

2 cucharadas de queso parmesano recién rallado, extra para espolvorear

Pimienta negra

2 cucharaditas de leche

1 cucharada de perejil fresco, picado

Preparación

1 En un poco de agua hervir los ejotes de 5 a 6 minutos, hasta que estén cocidos y crujientes. Colar. Exprimir las espinacas para eliminar el exceso de agua. En una cacerola grande hervir agua con sal, añadir la pasta y cocer durante 8 minutos o hasta que esté suave, pero firme en el centro (al dente). Colar, reservar y mantener caliente.

2 Mientras, en otra cacerola calentar el aceite y la mantequilla, añadir el ajo y saltear durante 1 minuto para que se suavice. Incorporar la crème fraîche, el pesto, las espinacas y el queso parmesano, calentar bien durante 1 minuto. Añadir los ejotes y calentar durante 1 minuto más, sazonar.

3 Colocar la pasta en la cacerola, incorporar la leche y casi todo el perejil. Revolver bien y calentar. Servir en platos individuales, espolvorear el queso parmesano y decorar con el resto del perejil. **Porciones 2**

PIE DE PAPAS CON QUESO Y CEBOLLA

Ingredientes

500g de pasta hojaldrada, fresca

450g de papas, muy finamente rebanadas

1 cebolla pequeña, muy finamente rebanada

100g de queso leicester, finamente rallado (o cheddar)

Sal y pimienta negra

½ taza de crema

Preparación

1 Precalentar el horno a 180°C. Con un rodillo extender dos tercios de la pasta sobre una superficie de trabajo ligeramente enharinada, forrar un molde para flan de 23 cm. Colocar una capa de papas sobre la base del molde, colocar encima una capa de cebolla y una capa de queso, sazonar entre cada capa. Verter la crema encima.

2 Extender el resto de la pasta para cubrir el molde. Humedecer ligeramente con agua las orillas del pie. Colocar la masa encima y presionar las orillas para sellar bien.

3 Hornear de 1 a 1½ horas, hasta que las papas y las cebollas estén tiernas. Dejar enfriar durante 10 minutos antes de servir para que el queso se enfríe ligeramente. **Porciones 4**

MOUSSAKA CON FRIJOLES, LENTEJAS Y BERENJENA

Ingredientes

75g de lentejas, enjuagadas, coladas

1 berenjena, en rebanadas finas

2 cucharadas de aceite de oliva

2 poros, rebanados

2 tallos de apio, picados

2 dientes de ajo, machacados

1 pimiento amarillo, sin semillas, picado

400g de tomates de lata, picados

5 cucharadas de vino blanco seco

2 cucharadas de puré de tomate

400g de frijoles pintos de lata, colados, enjuagados

2 cucharaditas de hierbas secas mixtas

Pimienta negra

300g de yogur natural

2 huevos medianos

25g de queso parmesano, finamente rallado

Hierbas frescas, como albahaca, para decorar

Preparación

1 En una cacerola con agua hirviendo colocar las lentejas, tapar y cocer a fuego lento durante 30 minutos o hasta que estén tiernas. Colar, enjuagar y colar de nuevo, reservar.

2 En otra cacerola con agua hirviendo cocer las rebanadas de berenjena durante 2 minutos. Colar, secar con papel absorbente, reservar.

3 En una sartén calentar el aceite, añadir los poros, el apio, el ajo y el pimiento, saltear durante 5 minutos o hasta que estén ligeramente suaves. Agregar las lentejas cocidas, los tomates, el vino, el puré de tomate, los frijoles, las hierbas mixtas y sazonar con pimienta negra. Tapar y dejar que suelte el hervor, cocinar a fuego lento durante 10 minutos o hasta que todas las verduras estén suaves.

4 Precalentar el horno a 180°C. En un recipiente hondo para horno colocar la mitad de la mezcla de frijoles y lentejas, colocar encima una capa de berenjenas. Repetir las capas. Mezclar el yogur y los huevos y verter encima. Espolvorear el queso parmesano. Cocer durante 40 minutos o hasta que esté dorado y burbujee. Decorar con las hierbas frescas. **Porciones 4**

RISOTTO DE ESPINACAS CON PASAS Y ALMENDRAS

Ingredientes

1 manojo de espinacas

2 cucharadas de aceite

½ manojo de cebollas de cambray, picadas

⅔ de arroz Arborio o de grano corto

Sal y pimienta negra recién molida

3 cucharadas de jugo de limón

50g de almendras, blanqueadas y tostadas

Preparación

1 Cortar los tallos de las espinacas por encima de la base de color rosa. Lavar de 3 a 4 veces en agua fría. Colar bien y picar grueso.

2 En una cacerola calentar el aceite, añadir las cebollas de cambray y saltear un poco. Agregar el arroz y revolver hasta que esté cubierto con aceite y tome un poco de color (30 segundos aproximadamente).

3 Agregar las espinacas, 1¾ de taza de agua caliente, sal, pimienta y el jugo de limón. Tapar y cocer a fuego medio durante 10 minutos. Retirar la tapa, revolver para mezclar, agregar las pasas, tapar y cocer durante 5 minutos más. Apagar el fuego y dejar reposar, tapada, durante 5 minutos antes de servir. Espolvorear con las almendras. **Porciones 3**

FRITO DE VERDURAS CON SEMILLAS DE AJONJOLÍ

Ingredientes

2 cucharadas de semillas de ajonjolí

2 cucharadas de aceite de cacahuate

1 diente de ajo, picado

1 raíz de jengibre de 2.5cm, finamente picada

150g de brócoli, en racimos pequeños

2 calabacitas italianas, en mitades, en rebanadas finas

170g de chícharos chinos

1 cucharada de vino de arroz o jerez medio-seco

1 cucharada de salsa de soya oscura

Preparación

1 Calentar un wok, añadir las semillas de ajonjolí y saltear durante 2 minutos o hasta que estén doradas, agitar frecuentemente.

2 Ponerle aceite al wok, calentar durante 1 minuto, agregar el ajo y el jengibre, saltear a fuego medio, hasta que estén suaves. Añadir el brócoli y saltear de 2 a 3 minutos más.

3 Incorporar las calabacitas y chícharos chinos, revolver. Verter el vino de arroz o jerez y calentar durante 1 minuto. Agregar la soya y revolver durante 2 minutos más. Espolvorear las semillas de ajonjolí tostadas justo antes de servir. **Porciones 4**

HORNEADO DE VERDURAS CON QUESO

Ingredientes

1 calabaza amarilla grande, pelada, sin semillas, en trozos

Sal y pimienta negra

3 cucharadas de aceite de oliva

1 coliflor grande, en racimos

350g de champiñones, rebanados

2 cucharadas de pan blanco rallado, fresco

2 cucharadas de queso parmesano recién rallado

Para la salsa

25g de mantequilla

25g de harina común

1 pizca de pimienta de Cayena

300ml de leche

1 cucharadita de mostaza inglesa

100g de queso cheddar, rallado

Preparación

1 Precalentar el horno a 200°C. En un recipiente para horno colocar la calabaza, sazonar, bañar con la mitad del aceite. Hornear durante 25 minutos, revolviendo una vez, hasta que esté suave. En agua hirviendo con sal cocer la coliflor durante 5 minutos o hasta que esté tierna. Colar y apartar 200ml del líquido de cocción, refrescar en agua fría y reservar. En una sartén colocar el resto del aceite y saltear los champiñones de 4 a 5 minutos.

2 Para hacer la salsa, en una cacerola derretir la mantequilla e incorporar la harina y la pimienta de Cayena. Cocinar durante 2 minutos, agregar gradualmente el líquido de cocción de la coliflor. Cocer de 2 a 3 minutos hasta que espese, añadir poco a poco la leche. Cocinar a fuego lento durante 10 minutos. Retirar del fuego, incorporar la mostaza y el queso hasta que se derrita. Sazonar al gusto.

3 Ajustar la temperatura del horno a 180°C. Mezclar la coliflor con la calabaza y repartir entre cuatro refractarios individuales para horno ligeramente engrasados con mantequilla. Esparcir los champiñones encima y verter la salsa. Revolver el pan rallado con el queso parmesano, espolvorear sobre cada refractario. Hornear de 30 a 35 minutos. **Porciones 4**

PASTA CON CALABAZA ASADA Y MANTEQUILLA DE SALVIA

Ingredientes

2 cucharadas de aceite de oliva

2 dientes de ajo, picados

2 cucharadas de salvia fresca,
y ramitas extra, picada

1 calabaza amarilla, pelada, sin
semillas, cortada en cubos de 1cm

350g de penne seco

Sal y pimienta negra

75g de mantequilla

25g de piñones

25g de queso parmesano, rallado

Preparación

1 Precalentar el horno a 230°C. Revolver el aceite, el ajo, 1 cucharada de la salvia fresca picada y la calabaza amarilla. Hornear en la parte superior del horno durante 20 minutos o hasta que estén suaves.

2 Mientras, en una cacerola con agua hirviendo con sal colocar la pasta y cocer durante 8 minutos o hasta que esté suave, pero firme en el centro (al dente). Colar, reservar cuatro cucharadas del líquido de cocción, y mantener caliente.

3 En una sartén grande derretir la mantequilla, añadir el resto de la salvia picada y saltear ligeramente de 2 a 3 minutos. Mientras, calentar otra sartén y asar los piñones de 3 a 4 minutos a fuego alto, hasta que estén dorados.

4 Agregar el líquido reservado a la mantequilla, añadir la pasta y la calabaza cocida. Revolver, servir con el queso parmesano, los piñones y la pimienta negra. Decorar con la salvia extra. **Porciones 4**

ESTOFADO DE FRIJOLES Y VERDURAS

Ingredientes

125g de hongos porcini secos

3 cucharadas de aceite de oliva

225g de champiñones grandes, picados

2 zanahorias, finamente rebanadas

1 papa grande, picada

225g de ejotes, picados

½ cucharada de tomillo seco

½ cucharada de salvia seca

2 dientes de ajo, machacados

300ml de vino tinto

600ml de caldo de verduras

Sal y pimienta negra

225g de habas congeladas

300g de frijoles pintos de lata

225g de alubias de lata

Preparación

1   En un recipiente colocar 600ml de agua hirviendo, remojar los hongos porcini durante 20 minutos. Mientras, en una cacerola grande calentar el aceite, añadir los champiñones frescos, las zanahorias, la papa y los ejotes, saltear ligeramente de 3 a 4 minutos, hasta que estén suaves.

2   Agregar el tomillo, la salvia, los hongos porcini con el líquido de cocción, el vino tinto, el caldo y sazonar. Dejar que suelte el hervor, cocinar a fuego lento, sin tapar, durante 20 minutos o hasta que las verduras estén cocidas.

3   Incorporar las habas y cocinar a fuego lento durante 10 minutos. Colar y enjuagar los frijoles pintos y las alubias, añadir a la mezcla, cocinar a fuego lento de 2 a 3 minutos más para calentar. **Porciones 4**

ARROZ FRITO CON CHILE

Ingredientes

2 cucharaditas de aceite vegetal

2 chiles rojos frescos, picados

1 cucharada de pasta de curry rojo thai (mezcla de especias muy usadas en la cocina tailandesa)

2 cebollas, rebanadas

1½ tazas de arroz, cocido

125g de ejotes, picados

125g de col china baby, blanqueada

3 cucharadas de jugo de limón verde

Preparación

1   En un wok o sartén calentar el aceite a fuego alto, añadir los chiles y la pasta de curry, freír revolviendo durante 1 minuto o hasta que suelte el aroma. Agregar las cebollas y revolver durante 3 minutos más o hasta que estén suaves.

2   Incorporar el arroz, los ejotes y la col china, cocinar revolviendo durante 4 minutos o hasta que el arroz esté bien caliente. Añadir el jugo de limón y servir. **Porciones 4**

ESTOFADO DE FRIJOLES Y VERDURAS

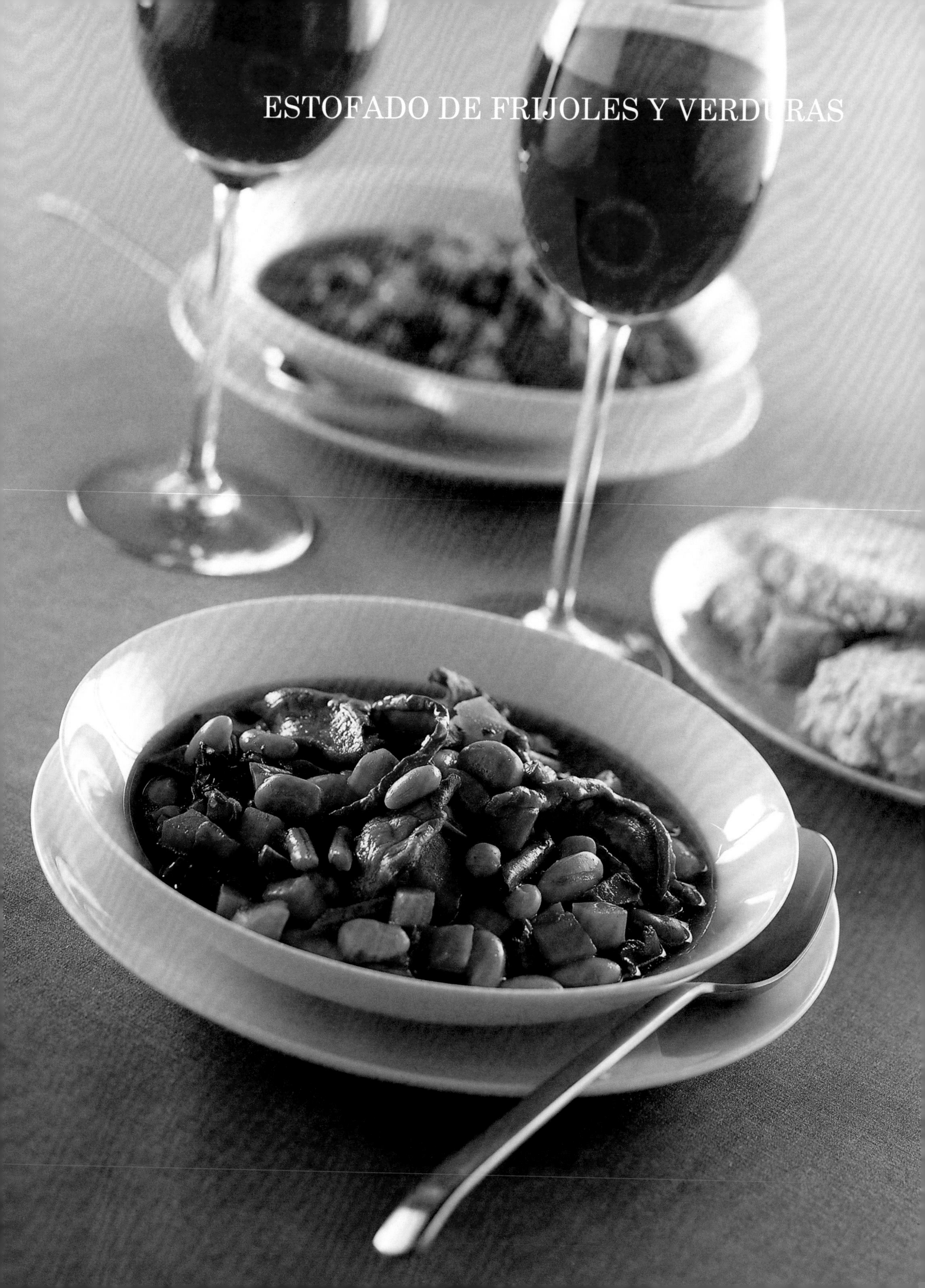

RAMITAS DE QUESO CON VERDURAS

Ingredientes

Para las hojas

125g de calabaza, pelada, en trozos

1 pimiento amarillo pequeño, sin semillas, en trozos

1 cebolla morada pequeña, en cuartos

4 tomates cherry

2 cucharaditas de aceite de oliva

1 cucharadita de vinagre balsámico

50g de hojas mixtas para ensalada

Para las ramitas

100g de pasta hojaldrada, extendida

25g de queso cheddar, finamente rallado

Para el aderezo

2 cucharadas de mayonesa

½ cucharadita de mostaza de grano entero

1 diente de ajo pequeño, machacado

Pimienta negra

Preparación

1 Precalentar el horno a 190°C. En una charola para hornear colocar la calabaza, el pimiento, la cebolla y los tomates. Bañar con el aceite y el vinagre balsámico, asar en el centro del horno durante 25 minutos o hasta que estén suaves y ligeramente dorados, voltear una vez.

2 Para hacer las ramitas, en una superficie de trabajo enharinada colocar la pasta hojaldrada y cortar en tiras de 1cm, colocar las tiras sobre papel para hornear y espolvorear con el queso parmesano. Hornear en la parte superior del horno durante 10 minutos o hasta que estén crujientes y doradas.

3 Para hacer el aderezo, combinar la mayonesa, la mostaza, el ajo y sazonar. Para servir, colocar las hojas de ensalada y las verduras asadas sobre platos pequeños. Bañar con el aderezo y acompañar con las ramitas de queso. **Porciones 2**

FRITO DE HONGOS CON NOODLES

Ingredientes

15g de hongos porcini

200g de noodles chinos frescos (fideos chinos de harina de trigo)

2 cucharadas de aceite de girasol

4 dientes de ajo, machacados

1 chile rojo, sin semillas, picado

2 cucharaditas de jengibre fresco, rallado

450g de champiñones frescos mixtos, en cuartos o rebanados

4 cebollas de cambray, rebanadas

4 cucharadas de sake o jerez seco

4 cucharadas de salsa de soya oscura

2 cucharadas de jugo de limón

1 cucharada de azúcar

2 cucharadas de cilantro fresco, picado

Preparación

1 En un recipiente con 75 ml de agua hirviendo colocar los champiñones frescos y remojar durante 15 minutos o hasta que estén suaves. Colar y reservar el líquido, rebanar los champiñones. Mientras, cocer los noodles de acuerdo a las instrucciones del paquete hasta que estén suaves y firmes al morderlos, colar.

2 En una sartén grande o wok calentar el aceite hasta que humee, añadir el ajo, el chile y el jengibre, freír revolviendo durante 15 segundos o hasta que suelten el sabor. Incorporar los champiñones y los hongos, freír revolviendo durante 2 minutos más o hasta que se suavicen.

3 Añadir las cebollas de cambray, el sake o jerez, la salsa de soya, el jugo de limón, el azúcar, el cilantro, el líquido reservado de la cocción de los hongos y los noodles, cocinar de 1 a 2 minutos hasta que estén bien calientes. **Porciones 4**

PIZZA DE CEBOLLA MORADA, CALABACITA ITALIANA Y JITOMATE

Ingredientes

1 cucharada de aceite de oliva

2 cebollas moradas pequeñas, rebanadas

1 pimiento amarillo, sin semillas, rebanado

2 calabacitas italianas pequeñas, rebanadas

1 diente de ajo, machacado

225g de harina de trigo

2 cucharaditas de polvo para hornear

50g de mantequilla

100ml de leche

5 cucharadas de puré de tomate

2 cucharaditas de hierbas mixtas secas

Pimienta negra

3 jitomates Saladet pequeños, rebanados

100g de queso cheddar añejo, rallado

Albahaca fresca para decorar (opcional)

Preparación

1 Precalentar el horno a 220°C. En una cacerola calentar el aceite, añadir las cebollas, el pimiento, las calabacitas y el ajo, saltear durante 5 minutos o hasta que estén suaves, revolviendo ocasionalmente. Reservar.

2 En un tazón colocar la harina y el polvo para hornear, incorporar la mantequilla frotándola. Agregar la leche y formar una masa suave, amasar ligeramente.

3 Sobre una superficie enharinada extender la masa hasta obtener un círculo de 25 cm de ancho, colocar la masa sobe una charola para horno engrasada con mantequilla. Mezclar el puré de tomate, las hierbas mixtas y la pimienta negra, esparcir sobre la masa. Colocar encima la mezcla de la cebolla.

4 Acomodar las rebanadas de jitomate y al final el queso cheddar. Hornear de 25 a 30 minutos, hasta que el queso esté dorado y burbujee. Decorar con la albahaca fresca (opcional). **Porciones 4**

OMELETTE CLÁSICO DE HIERBAS

Ingredientes

2 huevos grandes

Sal y pimienta negra

15g de mantequilla

2 cucharadas de hierbas frescas mixtas, como perejil y cebollín, picadas

Preparación

1 En un tazón colocar los huevos y sazonar. Con un tenedor batir ligeramente durante 20 segundos, hasta que la mezcla se integre.

2 Colocar una sartén pequeña de teflón sobre el fuego alto. Cuando la sartén esté caliente añadir la mantequilla y ladear para cubrir la base.

3 Verter los huevos en la sartén, ladear para que el huevo cubra la base y se comience a cocer. Freír durante 10 segundos. Meter una espátula de madera por una orilla del huevo hacia el centro para que todo el huevo se cueza. Continuar levantando las orillas hasta que todo el huevo esté cocido (aproximadamente de 2 a 3 minutos).

4 Espolvorear las hierbas sobre el huevo. Con la espátula doblar el omelette por la mitad. Inclinar la sartén para deslizar el huevo sobre el plato. **Porciones 1**

TARTA DE ESPINACAS Y QUESO ROQUEFORT

Ingredientes

350g de pasta hojaldrada

250g de espinacas frescas, sin los tallos gruesos

Pimienta negra

1 pizca de nuez moscada recién molida

125g de queso roquefort, en trozos

1 huevo mediano, batido

1 taza de crema espesa

Preparación

1 Precalentar el horno a 200°C. Sobre una superficie enharinada colocar la pasta y extenderla para forrar un molde para flan de 23 cm. Con un tenedor picar la base de la pasta y hornear durante 10 minutos o hasta que esté ligeramente dorada.

2 Mientras, enjuagar las espinacas sin secar. En una cacerola colocar las espinacas húmedas, tapar y cocer de 3 a 4 minutos o hasta que estén marchitas. Colar, dejar enfriar ligeramente y exprimir el exceso de agua. Colocar las espinacas sobre la base de la pasta y esparcirlas con el dorso de una cuchara de madera. Sazonar con pimienta y nuez moscada, añadir el queso. Mezclar el huevo y la crema, verter sobre las espinacas.

3 Hornear durante 30 minutos o hasta que el relleno suba y esté dorado. Dejar reposar durante 10 minutos antes de servir rebanada. **Porciones 6**

VERDURAS CON CURRY

Ingredientes

500g de papas pequeñas, cortadas en mitades

4 cucharadas de aceite de oliva

400g de cebollas, peladas, finamente rebanadas

250g de calabacitas italianas verde, en rodajas de 2cm de grueso

250g de calabaza amarilla, cortada a la mitad

250g de ejotes, en mitades

3 cucharadas de mantequilla

2 cucharadas de pasta de curry

2 cucharadas de pasas

250g de pimiento rojo

2 cucharadas de pistaches

2 cucharadas de semillas de girasol

Preparación

1   En agua hirviendo con sal cocer las papas hasta que estén suaves, colar y reservar. En una sartén calentar el aceite, añadir las cebollas y revolver para cubrirlas con el aceite. Reducir el fuego, tapar y cocinar a fuego lento hasta que las cebollas se suavicen. Destapar, aumentar el fuego y freír, revolviendo con frecuencia, hasta que las cebollas estén doradas. Escurrir sobre papel absorbente.

2   Sancochar las calabacitas italianas, la calabaza amarilla y los ejotes en agua hirviendo con sal durante 2 minutos. Colar y cubrir de inmediato con agua fría, dejar remojar durante 30 segundos, volver a colar.

3   En una sartén grande calentar la mantequilla, añadir la pasta de curry y revolver, hasta que suelte el aroma. Agregar las papas, freír revolviendo hasta que estén doradas y crujientes. Agregar la verdura sancochada, las pasas y el pimiento. Freír revolviendo para calentar bien y bañar con la pasta de curry. Revolver con el pistache y las semillas de girasol. Pasar a un platón y colocar las cebollas fritas encima. Servir caliente.
    Porciones 4 a 5

PASTA CREMOSA CON POROS Y CALABACITA ITALIANA

Ingredientes

275g de pasta seca, de moños o de espirales

1 poro grande, rebanado

50g de chícharos, congelados

4 jitomates Saladet

25g de mantequilla

1 diente de ajo, machacado

2 calabacitas italianas, en mitades, rebanadas

200ml de crème fraîche o crema fresca

1 cucharada de albahaca fresca, picada

Pimienta negra

4 cucharadas de queso parmesano recién rallado

Preparación

1   En una cacerola grande hervir agua con sal, añadir la pasta y cocer durante 6 minutos, agregar el poro y los chícharos, cocer durante 2 minutos más, hasta que la pasta esté cocida y las verduras estén suaves. Colar bien.

2   Mientras, en un tazón colocar los jitomates, cubrir con agua hirviendo y dejar reposar durante 30 segundos. Pelar, quitar las semillas, picar y reservar. En una sartén grande calentar la mantequilla, añadir el ajo y las calabacitas italianas. Freír durante 5 minutos, revolviendo frecuentemente, hasta que estén ligeramente dorados.

3   Reducir el fuego, incorporar la crème fraîche y el puré de tomate. Agregar los jitomates picados, la albahaca y sazonar, cocinar a fuego lento durante 5 minutos para calentar bien. Incorporar la pasta con los poros y los chícharos a la salsa, servir con queso parmesano. **Porciones 4**

RISOTTO CON BRÓCOLI Y LIMÓN

Ingredientes

1 cucharada de aceite de oliva

1 cebolla, picada

1 diente de ajo, machacado

1½ tazas de arroz Arborio o de grano corto

1 taza de vino blanco seco

4 tazas de caldo de verduras, caliente

120g de racimos de brócoli

½ taza de perejil fresco, picado

Ralladura fina y jugo de 1 limón amarillo

Granos de pimienta triturados

Preparación

1   En una sartén grande de base gruesa calentar el aceite a fuego medio. Añadir la cebolla y el ajo, saltear revolviendo de 1 a 2 minutos o hasta que la cebolla esté transparente.

2   Incorporar el arroz. Revolver de 1 a 2 minutos. Agregar el vino y cocer, revolviendo, hasta que el líquido se absorba. Agregar 1 taza del caldo de verduras y cocer, revolviendo ocasionalmente, hasta que el líquido se absorba. Añadir otra taza de caldo y cocer de la misma manera, añadir el resto del caldo, taza por taza, hasta usar todo el caldo y que el arroz esté suave. Agregar el brócoli de 2 a 3 minutos antes de terminar de cocer.

3   Añadir el perejil, la ralladura y el jugo de limón, sazonar con pimienta al gusto. Retirar la sartén del fuego. Tapar y dejar reposar durante 3 minutos, servir. **Porciones 4**

FRITO DE VERDURAS CON NOODLES

Ingredientes

250g de noodles tipo tallarín

2 cucharadas de aceite
de girasol

1 diente de ajo, rebanado

2 zanahorias, finamente
rebanadas en diagonal

150g de ejotes, cortados
en mitades

150g de brócoli

1 pimiento rojo, sin semillas,
cortado en tiras finas

4 cebollas de cambray, finamente
rebanadas en diagonal

Para la salsa

4 cucharadas de mantequilla
de cacahuate suave

1 cucharada de puré de tomate

1 cucharada de vinagre
balsámico

Sal de mar y pimienta negra
recién molida

Cilantro fresco, picado,
para decorar

Gajos de limón verde, para servir

Preparación

1   Cocer los noodles siguiendo las instrucciones del paquete, colar bien. Mientras, hacer la salsa. Mezclar
la mantequilla de cacahuate, el puré de tomate y el vinagre balsámico y con 4 cucharadas de agua fría,
aproximadamente. Sazonar y reservar.

2   En un wok o sartén grande calentar el aceite. Incorporar el ajo, las zanahorias y los ejotes, freír revolviendo
durante 2 minutos, hasta que tomen un poco de color. Añadir el brócoli y freír de 2 a 3 minutos o hasta que
esté suave. Agregar el pimiento rojo y las cebollas de cambray, freír durante 1 minuto más.

3   Incorporar la salsa, ½ taza de agua y los noodles colados. Mezclar y freír revolviendo de 4 a 5 minutos o
hasta que todos los ingredientes estén calientes. Decorar con cilantro fresco y servir con los gajos de limón.
Porciones 4

STORTINI CON BERENJENA Y TOMATE

Ingredientes

Sal y pimienta negra

3 cucharadas de aceite de oliva

1 cebolla, finamente picada

1 berenjena, picada

4 cucharadas de caldo de verduras

300ml de puré de tomate

1 cucharada de puré de tomates
deshidratados

300g de pasta stortini seca (o
macarrones)

4 cucharadas de crème fraîche
o crema fresca

100g de queso fetta, desmenuzado

2 cucharadas de orégano o albahaca
frescos, picados

Preparación

1   En una sartén grande de base gruesa calentar 1 cucharada del aceite. Añadir la cebolla y freír a fuego
lento durante 5 minutos o hasta que esté suave sin que se dore, revolviendo ocasionalmente. Agregar el
resto del aceite, añadir la berenjena, freír a fuego medio, revolviendo, durante 10 minutos o hasta que la
berenjena esté suave y tome un color café dorado. Agregar el caldo, el puré de tomate, el puré de tomates
deshidratados y sazonar. Tapar y cocinar a fuego lento durante 5 minutos o hasta que espese ligeramente.

2   En una cacerola hervir agua con sal, agregar la pasta y cocer durante 8 minutos o hasta que esté suave, y el
centro esté firme (al dente). Colar bien. Incorporar la crème fraîche a la salsa, agregar la pasta
y revolver ligeramente. Esparcir el queso fetta y el orégano o albahaca. **Porciones 4**

FRITO DE VERDURAS CON NOODLES

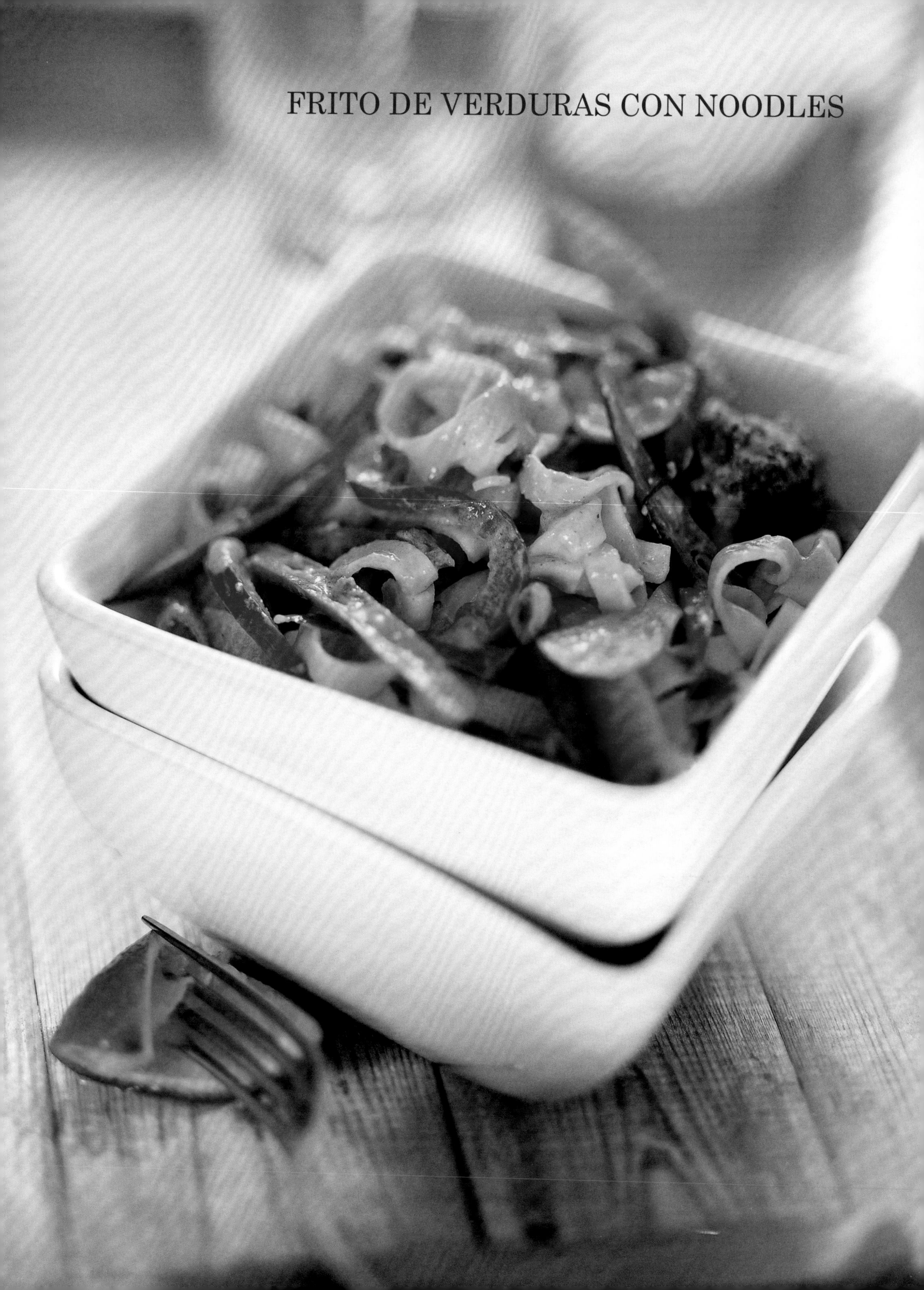

EMPANADAS DE POROS Y CHAMPIÑONES

Ingredientes

40g de mantequilla

2 zanahorias, cortadas en tiras finas

1 cucharadita de paprika

4 poros, finamente rebanados

2 dientes de ajo, finamente rebanados

250g de champiñones, rebanados

5 cucharadas de crema

1-2 cucharadas de salsa de soya

2 cucharadas de perejil fresco, picado

Jugo de limón amarillo al gusto

Sal y pimienta negra

500g de pasta hojaldrada

1 huevo pequeño, batido

Preparación

1 Precalentar el horno a 220°C. En una sartén derretir la mantequilla, agregar las zanahorias y la paprika, saltear ligeramente durante 5 minutos o hasta que estén suaves. Incorporar los poros y el ajo, saltear durante 2 minutos, agregar los champiñones y saltear durante 5 minutos más, revolviendo frecuentemente, hasta que las verduras estén tiernas y el líquido se haya evaporado.

2 Incorporar la crema y la salsa de soya, hervir a fuego lento durante 2 minutos. Agregar el perejil, el jugo de limón y sazonar. Dejar enfriar durante 30 minutos o hasta que esté completamente frío.

3 Sobre una superficie enharinada extender la pasta hojaldrada. Cortar 4 círculos de 20 cm usando un plato pequeño como molde. Repartir el relleno entre los círculos, doblar la pasta para formar 4 empanadas. Colocar un poco de huevo batido en las orillas de la pasta para sellar, presionar las orillas con los dedos y barnizar las empanadas con el huevo batido. Hornear en la parte superior del horno durante 25 minutos o hasta que las empanadas estén doradas. **Porciones 4**

RISOTTO DE HIERBAS AROMÁTICAS

Ingredientes

15g de kikurage (hongo chino también llamado "oreja de ratón")

1 cucharada de aceite de oliva

1 cucharada de aceite de ajonjolí tostado, 2 cucharadas extra

1 manojo de cebollas de cambray

2 dientes de ajo, machacados

1-2 cucharadas de jengibre fresco, rallado

½ cucharadita de chiles rojos, picados

2 tazas de arroz Arborio o de grano corto

200ml de vino blanco seco

1 cucharada de salsa de chile dulce

2 cucharadas de salsa de soya, o al gusto

1 cucharada de salsa de frijol negro

800ml de caldo de verduras, hirviendo a fuego lento

½ taza de germen de soya

½ taza de menta fresca, picada

½ taza de cilantro fresco, picado, 2 cucharadas extra

150g de tofu, en cubos (queso de soya)

Preparación

1 En una cacerola colocar 1 taza de agua hirviendo, agregar los hongos chinos y dejar remojar durante 30 minutos, colar, apartar el líquido de cocción, reservar los hongos.

2 En una cacerola calentar los aceites, agregar las cebollas de cambray, el ajo, el jengibre y el chile rojo. Saltear durante 3 minutos hasta que el jengibre suelte el aroma. Agregar el arroz y revolver para incorporar. Añadir el vino, la salsa de chile dulce, la salsa de soya, la salsa de frijol negro y los hongos remojados, dejar que el líquido se absorba. Revolver bien para distribuir los sabores. Colar el líquido de cocción de los hongos pasándolo por un paño limpio para retirar la tierra, mezclar con el caldo hirviendo. Una vez que el vino se haya absorbido comenzar a incorporar el caldo, media taza a la vez. Revolver bien después de añadir cada media taza. Cuando se añada la última media taza agregar el germen de soya y las hierbas.

3 Cuando se haya absorbido casi todo el caldo, retirar la cacerola del fuego, decorar con el tofu en cubos, el cilantro fresco y 2 cucharadas del aceite de girasol. Servir de inmediato. **Porciones 4**

PASTEL DE ESPINACAS Y QUESO RICOTTA

Ingredientes

1 cucharada de aceite de oliva, y extra para barnizar

1 cebolla, picada

1kg de hojas enteras de espinacas congeladas, descongeladas

250g de queso ricotta

75g de piñones

¼ cucharadita de nuez moscada, molida

Sal y pimienta negra

6 hojas de pasta filo (láminas de masa de harina de trigo muy delgadas)

1 huevo batido para glasear

Preparación

1 Precalentar el horno a 200°C. En una sartén de base gruesa calentar el aceite, añadir la cebolla y freír de 3 a 4 minutos, hasta que esté ligeramente suave.

2 Poner las espinacas en un colador y presionar para eliminar el exceso de agua, picar grueso. En un tazón colocar las espinacas picadas, la cebolla, el queso ricotta, los piñones y la nuez moscada. Sazonar con abundante sal y pimienta, mezclar bien.

3 Engrasar un recipiente para horno de 30 x 25 cm. Agregar la mezcla de las espinacas presionando ligeramente para formar una capa uniforme. Colocar una lámina de pasta filo encima, doblarla para ajustarla al tamaño del recipiente, barnizar ligeramente con el aceite. Repetir con el resto de la pasta, barnizar cada lámina antes de colocar la siguiente.

4 Con un cuchillo marcar 6 porciones en la parte superior de la pasta, barnizar con el huevo batido. Cocer durante 25 minutos o hasta que esté dorada. **Porciones 6**

KICHADI

Ingredientes

1 taza de arroz integral

½ taza de frijoles pintos

3 tazas de agua

1 cucharadita de sal

Preparación

1 En una cacerola gruesa con agua salada hirviendo colocar el arroz y los frijoles. Tapar y cocer a fuego muy bajo durante una hora hasta que estén suaves. Añadir un jitomate picado y un puño de perejil picado (opcional). **Porciones 4 a 6**

TOFU CON DURAZNOS Y CHÍCHAROS PLANOS

Ingredientes

375g de tofu (queso de soya)

½ taza de harina común,
   sazonada con sal y pimienta

3 cucharadas de aceite

1 cebolla grande, cortada en aros

1cm de raíz de jengibre, pelada

1 diente de ajo

300g de chícharos chinos

⅓ tazas de vino blanco seco

200g de duraznos secos

3 cucharaditas de salsa de soya

2 cucharaditas de azúcar

2 cucharaditas de jugo de jengibre
   seco

Preparación

1 Cortar el tofu en 6 cubos. Secar con papel absorbente. Cubrir con la harina sazonada, agitar para quitar el exceso.

2 En una sartén grande calentar el aceite, freír las cebollas hasta que estén doradas. Retirar las cebollas con una cuchara coladora y dejar escurrir sobre papel absorbente. Añadir a la sartén el jengibre y el ajo, freír durante 30 segundos para que el aceite tome el sabor, retirar el jengibre y el ajo. Agregar los cubos de tofu hasta que estén dorados uniformemente, voltear con pinzas. Ajustar el fuego conforme sea necesario. Retirar el tofu y escurrir sobre papel absorbente, mantener caliente.

3 Limpiar el aceite de la sartén, colar para retirar los restos de harina. Limpiar la sartén con papel absorbente. Regresar 1 cucharada del aceite a la sartén, agregar los chícharos chinos y freír revolviendo durante 1 minuto o hasta que estén crujientes. Pasar a un plato. Verter el vino a la sartén junto con los duraznos en una sola capa. Cocinar a fuego lento durante 1 minuto, voltear. Añadir la salsa de soya, el azúcar y el jugo de jengibre. Ladear la sartén para mezclar. Calentar bien.

4 Acomodar los chícharos chinos en platos para servir. Acomodar los cubos de tofu y los duraznos alrededor de los chícharos chinos, verter la salsa y colocar los aros de cebolla encima. **Porciones 2 a 3**

FRITTATA DE CALABACITAS ITALIANAS, PIMIENTOS Y ELOTES DULCES

Ingredientes

2 cucharadas de aceite de oliva

1 cebolla, picada

2 dientes de ajo, machacados

3 calabacitas italianas, rebanadas

1 pimiento rojo y 1 amarillo,
sin semillas, rebanados

125g de elotes dulces de lata, colados

6 huevos medianos

2 cucharadas de perejil fresco,
picado

2 cucharadas de albahaca fresca,
picada

1 cucharadita de pimienta de Cayena

Pimienta negra

Preparación

1   En una sartén grande de base gruesa calentar el aceite. Agregar la cebolla, el ajo, las calabacitas y los pimientos, freír durante 10 minutos o hasta que estén suaves y dorados. Incorporar los elotes dulces.

2   Mientras, batir los huevos con el perejil, la pimienta de Cayena y sazonar. Verter la mezcla a la sartén y cocer a fuego lento durante 10 minutos o hasta que la base esté cuajada y dorada.

3   Mientras se cuece la frittata, precalentar la parrilla a intensidad media. Colocar la sartén bajo el grill y cocer de 2 a 3 minutos hasta que la parte superior esté dorada y la frittata esté bien cocida. **Porciones 4**

RISOTTO DE ESPÁRRAGOS Y LIMÓN

Ingredientes

2 cucharadas de aceite de oliva

1 cebolla, picada

1½ tazas de arroz Arborio o de grano
corto

200ml de vino blanco

750ml de caldo de verduras, caliente

100g de puntas de espárragos,
en trozos medianos

50g de mantequilla

75g de queso parmesano, rallado

2 cucharadas de perejil fresco, picado

Ralladura fina de un limón amarillo

Preparación

1   En una sartén grande de base gruesa calentar el aceite, añadir la cebolla y freír de 3 a 4 minutos hasta que esté dorada. Agregar el arroz y revolver durante 1 minuto o hasta que esté bien cubierto de aceite. Incorporar el vino y dejar que suelte el hervor, reducir el fuego y cocinar de 4 a 5 minutos, hasta que el arroz haya absorbido el vino.

2   Verter un tercio del caldo al arroz y cocinar a fuego lento, revolviendo constantemente, de 4 a 5 minutos, hasta que el caldo se haya absorbido. Agregar la mitad del resto del caldo y cocinar, revolviendo, hasta que se absorba. Añadir el resto del caldo y los espárragos, cocinar revolviendo durante 5 minutos más o hasta que el arroz y los espárragos estén suaves y firmes al morderlos.

3   Agregar la mantequilla, la mitad del queso parmesano y sazonar. Cocinar revolviendo ocasionalmente durante 1 minuto o hasta que la mantequilla y el arroz estén derretidos e incorporados al arroz. Espolvorear el resto del queso parmesano y la ralladura de limón. **Porciones 6**

PASTA CON CHAMPIÑONES Y VERDURAS VERDES

Ingredientes

500g de pasta, como conchitas o espirales

Sal y pimienta negra recién molida

300g de brócoli, en racimos pequeños

1 manojo de espárragos

60g de mantequilla

2 dientes de ajo, machacados

400g de champiñones frescos, enteros, en mitades o en rebanadas gruesas

1 taza de chícharos ligeramente cocidos o congelados

1 taza de crema espesa

1 manojo de hojas de albahaca fresca, picadas

Queso parmesano recién rallado

Preparación

1 En una cacerola con agua hirviendo con sal colocar la pasta y cocer durante 8 minutos o hasta que esté suaver, pero firme en el centro (al dente). Colar, reservar y mantener caliente.

2 Colocar el brócoli en agua hirviendo, dejar remojar durante 4 minutos. Colar y refrescar en agua fría, reservar. Cortar el extremo inferior de los espárragos y desechar, cortar los espárragos en mitades a lo largo. Ponerlos en agua hirviendo durante 3 minutos, colar, refrescar en agua fría, colar de nuevo y reservar.

3 En una sartén grande calentar la mitad de la mantequilla y saltear ligeramente el ajo durante unos minutos. Agregar los champiñones, revolver y las verduras verdes reservadas y los chícharos. Sazonar con sal y pimienta. Incorporar la crema y cocinar a fuego alto hasta que se reduzca y se espese. Espolvorear la albahaca y revolver. En una cacerola grande a fuego lento añadir el resto de la mantequilla y la pasta, calentar bien.

4 Mezclar las verduras con la pasta y un poco de queso parmesano. Pasar a un tazón para servir y espolvorear queso parmesano rallado. **Porciones 4**

CURRY CON PERAS Y VERDURAS BABY

Ingredientes

3 cucharadas de aceite de cacahuate

2 cebollas, finamente picadas

6 dientes de ajo, finamente picados

2 peras, peladas, sin centro, finamente picadas

3 cucharadas de puré de tomate

2 cucharadas de curry en polvo

600ml de caldo de verduras

Sal y pimienta negra

200g de zanahorias baby

250g de brócoli, en racimos

250g de coliflor baby, en cuartos

3 cucharadas de cilantro fresco, picado

Preparación

1   En una sartén grande de base gruesa calentar el aceite, agregar las cebollas y el ajo, freír de 6 a 8 minutos, hasta que doren. Agregar las peras y freír de 6 a 8 minutos, hasta que las peras estén suaves y comiencen a dorarse, revolver y raspar el fondo de la sartén ocasionalmente. Agregar un poco de agua si la mezcla se seca demasiado.

2   Incorporar el puré de tomate y el curry en polvo, freír de 1 a 2 minutos para que suelten los sabores. Agregar el caldo, sazonar y dejar que suelte el hervor. Cocinar a fuego lento, sin tapar, durante 15 minutos o hasta que el líquido se haya reducido ligeramente.

3   Agregar las zanahorias, tapar y cocinar a fuego lento durante 5 minutos. Agregar el brócoli y la coliflor, tapar la sartén, cocinar a fuego lento de 10 a 15 minutos más, hasta que las verduras estén tiernas. Antes de servir espolvorear con el cilantro y acompañar con arroz. **Porciones 6**

HORNEADO DE CHILI DE VERDURAS

Ingredientes

1 cucharada de aceite de girasol

1 cebolla, picada

1 pimiento verde, sin semillas, picado

2 dientes de ajo, finamente picados

1 chile verde grande, sin semillas, finamente picado

2 cucharaditas de comino, molido

1 cucharadita de chili (chile), picante

400g de tomates de lata, picados

1 cucharada de puré de tomate

3 zanahorias, picadas

175g de colinabo (hortaliza fresca y ligeramente dulce, mezcla de col y nabo), picado

175g de champiñones, picados

3 tallos de apio, finamente picados

6 cucharadas de caldo de verduras

Pimienta negra

420g de frijoles rojos de lata, colados, enjuagados

Cilantro fresco para decorar

Preparación

1   Precalentar el horno a 180°C. En un recipiente resistente al calor calentar el aceite, agregar las cebollas, el pimiento verde, el ajo y el chile verde, saltear durante 5 minutos o hasta que estén suaves, revolver ocasionalmente.

2   Añadir el comino y el chili en polvo, saltear ligeramente durante 1 minuto para que suelten el sabor. Incorporar los tomates, el puré de tomate, las zanahorias, el colinabo, los champiñones, el apio, el caldo y sazonar con pimienta negra.

3   Tapar y hornear durante 45 minutos, revolviendo una vez. Agregar los frijoles rojos, tapar de nuevo y hornear de 15 a 20 minutos más o hasta que todas las verduras estén suaves. Decorar con cilantro fresco. **Porciones 4**

CURRY CON PERAS Y VERDURAS BABY

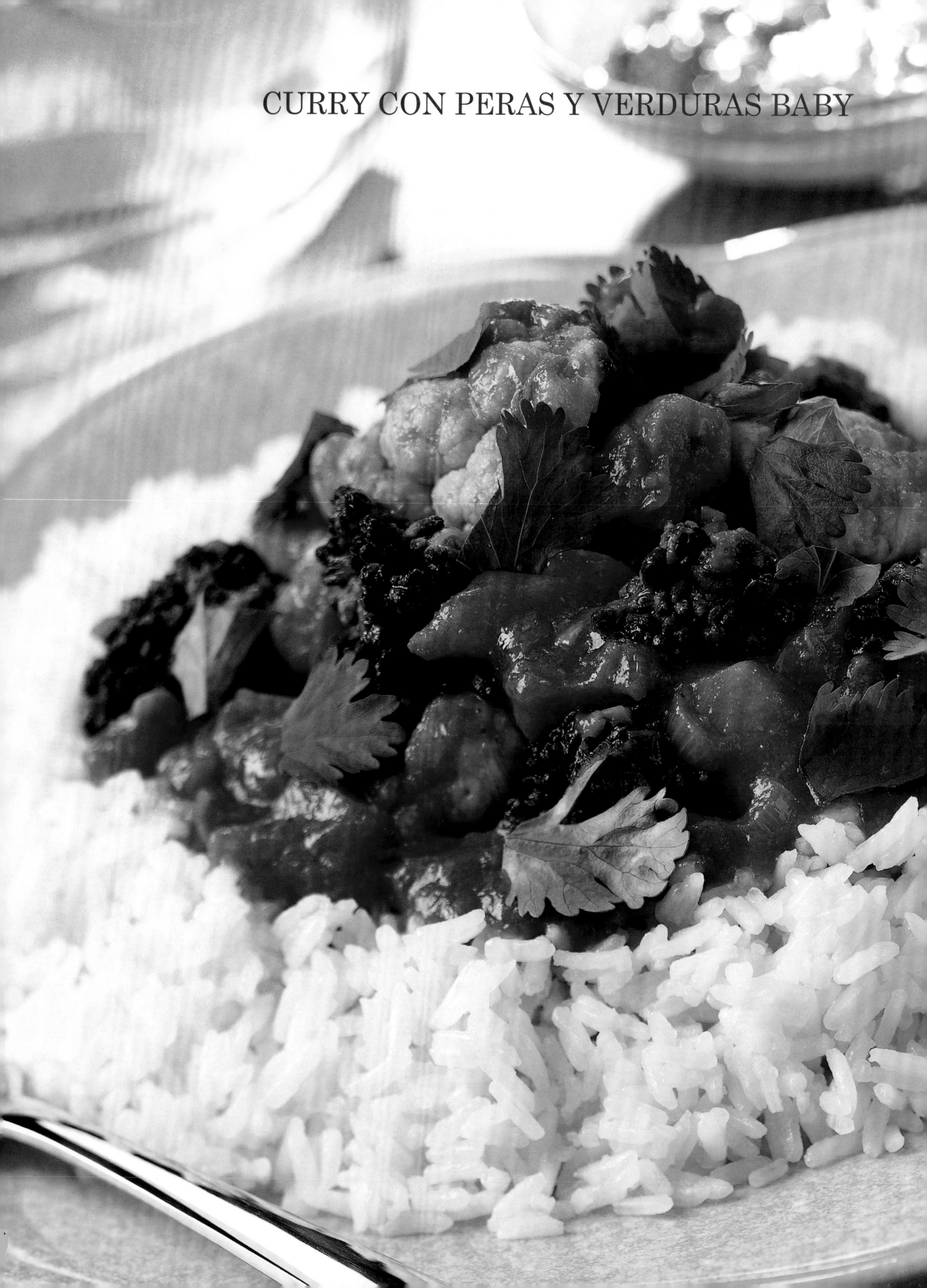

TORTILLA CON ELOTES DULCES Y TOMATES DESHIDRATADOS

Ingredientes

225g de papas, en rebanadas gruesas

3 cucharadas de aceite de oliva

3 cucharadas de elotes dulces de lata, colados

4 tomates deshidratados, colados, picados

2 cucharadas de perejil fresco, picado

6 huevos medianos, batidos

Sal y pimienta negra

Preparación

1   Hervir las papas durante 10 minutos y dejar enfriar ligeramente. En un recipiente grande de base gruesa resistente al calor calentar el aceite, añadir las papas y freír a fuego alto de 2 a 3 minutos, hasta que estén doradas y crujientes. Reducir el fuego, incorporar los elotes y los tomates, calentar bien de 1 a 2 minutos.

2   Precalentar la parrilla a intensidad media. Agregar el perejil a los huevos batidos y sazonar, verter al recipiente con las verduras, cocer a fuego lento de 3 a 4 minutos, hasta que la base de la tortilla esté cocida y ligeramente dorada.

3   Colocar el recipiente bajo el grill de 1 a 2 minutos, hasta que la parte superior también esté cocida y dorada. Dejar enfriar ligeramente, cortar en 4 pedazos y servir con ensalada. **Porciones 4**

CACEROLA MARROQUÍ DE PAPAS CON LIMÓN

Ingredientes

3 cucharadas de aceite de oliva

2 cebollas moradas, rebanadas

3 dientes de ajo, machacados

2 chiles rojos, finamente picados

1 cucharadita de comino molido

1 cucharadita de cilantro molido

900g de papas, en rebanadas de 5mm de ancho

Ralladura de 1 limón amarillo, jugo de 1 limón amarillo

900ml de caldo de verduras

Sal y pimienta negra

4 cucharadas de crema agria para servir

3 cucharadas de perejil fresco para decorar

Preparación

1   Precalentar el horno a 200°C. En un recipiente resistente al calor calentar el aceite, agregar las cebollas, el ajo, los chiles, el comino y el cilantro, saltear ligeramente de 1 a 2 minutos para que suelten el sabor.

2   Agregar las papas, la ralladura y el jugo de limón al gusto, agregar el caldo y sazonar. Dejar que suelte el hervor, tapar y hornear durante 40 minutos o hasta que las verduras estén suaves y el líquido se reduzca ligeramente.

3   Servir en platos individuales y colocar encima una cucharada de crema agria. Espolvorear el perejil fresco para decorar. **Porciones 4**

ÑOQUIS CON QUESO MASCARPONE Y QUESO AZUL

Ingredientes

400g de ñoquis frescos

1 cucharada de piñones

125g de queso mascarpone o ricota

125g de queso gorgonzola o roquefort, desmenuzado

Sal y pimienta negra

Preparación

1   En una cacerola grande hervir agua, añadir los ñoquis y cocer hasta que comiencen a flotar. Colar y pasar a un recipiente para horno.

2   Precalentar la parrilla a intensidad alta. Colocar los piñones en la charola de la parrilla y asar de 2 a 3 minutos, revolver de vez en cuando, hasta que estén dorados. Vigilarlos porque se asan rápidamente.

3   Mientras, en una cacerola calentar el queso mascarpone y el gorgonzola a fuego muy lento, revolver hasta que se derritan. Sazonar al gusto. Servir sobre los ñoquis, cocinar de 2 a 3 minutos hasta que el queso burbujee y se dore. Esparcir los piñones encima y servir. **Porciones 4**

CURRY DE TUBÉRCULOS

Ingredientes

1 cucharada de aceite de oliva

1 cebolla, picada

1 chile verde, sin semillas, finamente picado

2.5cm de raíz de jengibre fresco, finamente picada

2 cucharadas de harina común

2 cucharaditas de cilantro, comino y azafrán, molidos

300ml de caldo de verduras

200ml de puré de tomate

750g de tubérculos mixtos, como papa, camote, apionabo y colinabo, picados

2 zanahorias, finamente rebanadas

Cilantro fresco picado para decorar

Preparación

1   En una cacerola grande calentar el aceite. Agregar la cebolla, el chile, el ajo y el jengibre, saltear durante 5 minutos o hasta que se suavicen. Incorporar la harina, el cilantro, el comino y el azafrán, cocinar ligeramente, revolviendo, para que suelten el sabor.

2   Añadir poco a poco el caldo, el puré de tomate, los tubérculos picados y las zanahorias, sazonar con pimienta negra y mezclar bien.

3   Dejar que suelte el hervor, revolviendo, tapar y reducir el fuego, hervir a fuego lento durante 45 minutos o hasta que las verduras estén tiernas, revolver ocasionalmente. Decorar con el cilantro fresco. **Porciones 4**

FRITTATA DE ESPÁRRAGOS Y QUESO RICOTA

Ingredientes

450g de espárragos frescos

12 huevos medianos

2 dientes de ajo pequeños, machacados

4 cucharadas de hierbas frescas mixtas, como albahaca, cebollín y perejil, picadas

Sal y pimienta negra

50g de mantequilla

100g de queso ricota o requesón

Jugo de limón amarillo

Aceite de oliva para bañar

Queso parmesano para servir

Cebollín fresco para decorar

Preparación

1 Precalentar la parrilla a intensidad alta. Colocar los espárragos en la charola de la parrilla y asar durante 10 minutos o hasta que estén ennegrecidos y tiernos, voltearlos una vez. Mantener calientes.

2 Mientras, batir los huevos con el ajo, las hierbas y sazonar. En un recipiente resistente al calor derretir 25g de la mantequilla hasta que comience a formarse la espuma, incorporar de inmediato un cuarto de la mezcla del huevo y freír de 1 a 2 minutos, moviendo ocasionalmente, hasta que esté casi cocido.

3 Colocar bajo el grill de 3 a 4 minutos, hasta que el huevo y la parte superior de la fritatta estén cocidos, pasar a un platón. Mantener caliente mientras se cuecen las 3 fritattas restantes, añadir más mantequilla cuando sea necesario.

4 Acomodar un cuarto de los espárragos y un cuarto del queso ricota sobre cada fritatta, exprimir el jugo de limón y bañar con aceite. Colocar láminas de queso parmesano encima y decorar con el cebollín fresco.
Porciones 4

VERDURAS ASADAS CON COSTRA DE QUESO CHEDDAR

Ingredientes

4 cucharadas de aceite de oliva

25g de mantequilla

2 cebollas moradas, finamente rebanadas

1 cabeza de apio, en rebanadas gruesas

2 zanahorias grandes, en rebanadas gruesas

2 dientes de ajo, machacados

Sal y pimienta negra

4 champiñones grandes, rebanados

3 pimientos rojos, sin semillas, cortados en tiras

1 cucharadita de orégano y 1 de tomillo, secos

2 berenjenas, en rebanadas gruesas

300ml de caldo de verduras

Para la costra

225g de harina común

2 cucharaditas de polvo para hornear

75g de mantequilla congelada, en cubos

75g de queso cheddar, rallado

2 cucharadas de pan rallado fresco

100ml de crema

2 cucharadas de perejil fresco, picado

1 cucharadita de orégano, seco

Preparación

1 En una sartén grande calentar 1 cucharada del aceite con la mitad de la mantequilla. Agregar las cebollas, el apio, las zanahorias y el ajo, saltear durante 10 minutos, revolver. Sazonar, retirar de la sartén y reservar.

2 Precalentar el horno a 200°C. En la misma sartén calentar 1 cucharada del aceite, agregar los champiñones, el pimiento, el orégano y el tomillo, saltear durante 5 minutos, revolviendo a menudo. Sazonar y añadir a las otras verduras. Calentar el resto del aceite y freír la berenjena durante 3 minutos, volteando una vez, para que dore.

3 Con el resto de la mantequilla engrasar un recipiente para lasaña, agregar las verduras, verter el caldo de verduras y cubrir con papel aluminio sin que quede justo. Cocer durante 40 minutos. Retirar el papel aluminio, revolver y cocer durante 5 minutos más o hasta que las verduras estén tiernas.

4 Mientras, hacer la costra. En un tazón cernir la harina y el polvo para hornear. Incorporar la mantequilla y amasar hasta obtener una textura como de migajas de pan. Añadir el queso cheddar, el pan rallado, la crema, el perejil, el orégano y sazonar. Aumentar la temperatura del horno a 230°C. Colocar la mezcla de la costra sobre las verduras. Hornear durante 20 minutos o hasta que esté dorada. Dejar reposar durante 10 minutos antes de servir. **Porciones 6**

SABZEE

Ingredientes

1 manojo grande de espinacas

½ manojo de cilantro

8 ramitas grandes de perejil

10 ramitas grandes de eneldo

2 cebollas de cambray

2 cucharadas de aceite de oliva extra virgen

1 pizca de sal

2 panes pita

½ taza de yogur natural, sazonado con 1 pizca de pimienta de Cayena

Preparación

1 Lavar bien las espinacas y cortar los tallos por debajo de las hojas. Lavar bien las hierbas y cortar los tallos grandes. Picar grueso las espinacas y las hierbas, revolver con la cebolla y un poco de aceite para apenas bañarlas. Cortar los panes pita por la mitad y untar cada mitad con el yogur antes de rellenarlos con las hierbas y las espinacas. Servir un poco de yogur extra al lado para remojar el sándwich (opcional). **Porciones 4**

VERDURAS DE PRIMAVERA CON CURRY DE COCO

Ingredientes

1 ramita de té de limón

2 cucharadas de aceite vegetal

1cm de raíz de jengibre fresco, picada

1 cebolla, finamente picada

1 diente de ajo, finamente picado

1 cucharadita de azafrán

225g de papas, cortadas en trozos de 2cm

2 zanahorias, en rebanadas gruesas

400ml de leche de coco de lata

2 hojas de laurel

1 chile rojo, sin semillas, finamente picado

Sal

125g de elotitos baby

170g de ejotes

2 calabacitas italianas, en rebanadas gruesas

2 cucharadas de cilantro fresco, picado

Preparación

1 Quitar la capa externa del tallo del te de limón, picar finamente la parte del bulbo y desechar la parte fibrosa. En una sartén grande de base gruesa calentar el aceite, freír el te de limón, el jengibre, la cebolla y el ajo durante 5 minutos o hasta que la cebolla y el ajo estén suaves.

2 Añadir el azafrán, las papas y las zanahorias, agregar la leche de coco, las hojas de laurel, el chile y la sal. Dejar que suelte el hervor, cocinar a fuego lento, parcialmente tapada, durante 10 minutos, revolver ocasionalmente.

3 Agregar los elotitos y los ejotes, cocinar a fuego lento, parcialmente tapada, durante 10 minutos. Añadir las calabacitas y cocer durante 10 minutos más o hasta que todas las verduras estén suaves. Retirar las hojas de laurel y decorar con cilantro justo antes de servir. **Porciones 4**

GRATINADO DE CALABACITAS ITALIANAS Y QUESO

Ingredientes

4 calabacitas italianas grandes, rebanadas en diagonal

400g de tomates de lata, picados

2 cucharadas de albahaca fresca, picada

Sal de mar y pimienta negra recién molida

250g de queso mozzarella, colado y rebanado

15g de queso parmesano recién rallado

1 cucharada de aceite de oliva extra virgen

Preparación

1 Precalentar el horno a 200°C. Blanquear las calabacitas en agua hirviendo durante 4 minutos aproximadamente, colar bien y secarlas con papel absorbente.

2 Colar los tomates de lata para retirar el exceso de líquido. En un recipiente para horno poner una capa de calabacitas, esparcir la mitad de los tomates colados, espolvorear la mitad de la albahaca y sazonar un poco. Colocar encima las rebanadas de queso mozzarella en una capa uniforme.

3 Repetir las capas, espolvorear el queso parmesano, bañar con el aceite de oliva y hornear durante 25 minutos. **Porciones 4**

CAPPELLINI CON JITOMATES, AJO Y ALBAHACA

Ingredientes

½ taza de aceite de oliva

6 dientes de ajo, finamente rebanados

550g de jitomates Saladet, sin semillas, picados

⅓ taza de albahaca, picada

Sal

Pimienta negra recién molida

400g de cappellini o espagueti

Preparación

1 En una sartén calentar la mitad del aceite, añadir el ajo y freír a fuego medio, hasta que el ajo esté ligeramente dorado.

2 Reducir el fuego, agregar los jitomates, la albahaca, sal y pimienta, cocinar durante 5 minutos (o hasta que los jitomates estén bien cocidos). En una cacerola con agua hirviendo con sal colocar la pasta y cocer durante 8 minutos o hasta que esté suave, pero firme en el centro (al dente). Agregar el resto del aceite a la pasta cocida.

3 Servir la mezcla del jitomate sobre la pasta cappellini. **Porciones 4 a 6**

GRATINADO DE CALABACITAS
ITALIANAS Y QUESO

TARTA DE CHAMPIÑONES Y ARÁNDANOS

Ingredientes

350g de pasta hojaldrada

2 cucharadas de aceite de ajonjolí

1 manojo de cebollas de cambray, picadas

250g de champiñones grandes, en rebanadas finas

125g de champiñones ostra, en trozos grandes

150ml de vino blanco seco

100g de arándanos, descongelados

280g de tofu (queso de soya)

100ml de leche

2 huevos medianos, ligeramente batidos

3 cucharadas de cebollín fresco, picado

Ralladura y jugo de ½ limón amarillo

Sal y pimienta negra

Preparación

1 Precalentar el horno a 220°C. Extender la pasta hojaldrada y forrar un molde para pay de 25 cm. Forrar con papel para hornear, colocar frijoles para evitar que la masa suba y hornear durante 15 minutos. Retirar los frijoles y el papel, hornear de 5 a 10 minutos más, hasta que esté dorada. Reservar. Reducir la temperatura del horno a 190°C.

2 Mientras, en un wok o sartén grande de base gruesa calentar el aceite, añadir las cebollas de cambray y saltear de 2 a 3 minutos, hasta que comiencen a dorar. Agregar todos los champiñones y saltear revolviendo durante 3 minutos más o hasta que comiencen a suavizarse.

3 Verter el vino y cocinar a fuego lento de 6 a 8 minutos hasta que se reduzca ligeramente. Añadir los arándanos, reservando un puño, y cocinar de 1 a 2 minutos, hasta que casi todo el líquido se haya evaporado y los arándanos comiencen a tronar.

4 En una licuadora o procesador de alimentos licuar el tofu, la leche y los huevos hasta obtener un puré suave. Añadir los cebollines, la ralladura y el jugo de limón, sazonar y mezclar bien. Colocar la mezcla de los champiñones en la pasta y poner encima el puré de tofu. Esparcir el resto de los arándanos. Hornear durante 35 minutos o hasta que esté suave y firme. **Porciones 6**

TARTA DE ALUBIAS BLANCAS CON CEBOLLA CARAMELIZADA

Ingredientes

225g de pasta hojaldrada

2 cucharadas de aceite de oliva

3 cebollas, rebanadas

Sal y pimienta negra

1 cucharadita de azúcar extrafina

420g de alubias blancas de lata, coladas

2 cucharadas de queso parmesano recién rallado

2 cucharadas de queso gruyer, finamente rallado

3 huevos medianos, batidos

5 cebollas de cambray, finamente picadas

125g de crème fraîche o crema fresca

Preparación

1 Precalentar el horno a 220°C. En una superficie enharinada extender la masa y forrar un molde para tarta de 20 cm y 5 cm de hondo engrasado con mantequilla. Refrigerar durante 10 minutos.

2 En una sartén grande de base gruesa calentar el aceite, añadir las cebollas, la sal y el azúcar y saltear a fuego medio durante 20 minutos o hasta que las cebollas se hayan caramelizado y estén doradas. Reservar.

3 En un procesador de alimentos o con una batidora de mano batir las alubias hasta formar un puré, también se pueden machacar con un tenedor. Pasar a un tazón e incorporar el queso parmesano, el gruyer, los huevos y sazonar. Mezclar bien y verter sobre la pasta. Hornear de 30 a 35 minutos, hasta que suba y la superficie esté dorada. Dejar enfriar durante 10 minutos. Mientras, mezclar las cebollas de cambray y la crème fraîche. Servir sobre la tarta junto con las cebollas caramelizadas. **Porciones 6**

BERENJENA ASADA CON QUESO GRUYER

Ingredientes

2 cucharadas de aceite de oliva

2 berenjenas

450g de jitomates Saladet, picados

1 cucharada de orégano seco

3 dientes de ajo, picados

Sal y pimienta negra

2 cucharadas de puré de tomate

125g de queso gruyer, en rebanadas finas

Preparación

1   Precalentar el horno a 200°C. Engrasar ligeramente una charola para horno. Rebanar las berenjenas por la mitad a lo largo, con una cuchara o cuchillo sacar la pulpa sin romper la piel. Picar la pulpa en trozos.

2   En una cacerola colocar la pulpa de las berenjenas, los jitomates, el orégano, el ajo, el aceite y sazonar. Cocinar ligeramente, sin tapar, durante 5 minutos o hasta que estén ligeramente suaves, revolviendo ocasionalmente. Añadir el puré de tomates y cocinar durante 5 minutos más o hasta que la mezcla haya reducido y esté espesa.

3   Mientras, colocar las mitades de berenjena sobre la charola, barnizar por dentro con el aceite y cocer de 10 a 12 minutos, hasta que estén casi tiernas. Rellenar las berenjenas con la mezcla del jitomate, cubrir con el queso gruyer y regresar al horno. Hornear durante 10 minutos o hasta que el queso se haya dorado.
   Porciones 4

LENTEJAS CON JENGIBRE Y CILANTRO

Ingredientes

200g de lentejas rojas secas

½ cucharadita de azafrán

1 cucharada de aceite vegetal

1cm de raíz de jengibre fresco, finamente picada

1 cucharadita de semillas de comino

1 cucharadita de cilantro molido

Sal y pimienta negra

4 cucharadas de cilantro fresco, picado

½ cucharadita de paprika

Preparación

1   Enjuagar las lentejas y colarlas. En una cacerola con 850 ml de agua poner las lentejas, dejar que suelte el hervor y retirar la espuma, incorporar el azafrán. Reducir el fuego y tapar parcialmente. Cocinar a fuego lento de 30 a 35 minutos, hasta que espesen, revolviendo ocasionalmente.

2   En una sartén pequeña calentar el aceite, añadir el jengibre y las semillas de comino, freír durante 30 segundos o hasta que las semillas comiencen a reventar. Incorporar el cilantro molido y freír durante 1 minuto.

3   Sazonar las lentejas con suficiente sal y pimienta, añadir las especias tostadas. Incorporar el cilantro picado y mezclar bien. Pasar a un plato para servir, decorar con la paprika y las hojas extra de cilantro.
   Porciones 4

RISOTTO DE CALABAZA, LIMÓN Y QUESO PARMESANO

Ingredientes

- 4 tazas de caldo de verduras
- 1 pizca grande de hebras de azafrán
- 2 cucharadas de aceite de oliva
- 15g de mantequilla
- 1 cebolla, picada
- 1 diente de ajo, finamente picado
- 2 tazas de arroz Arborio o de grano corto
- 1kg de calabaza o calabaza amarilla, sin semillas, en trozos de 2cm
- 150ml de vino blanco seco
- Sal y pimienta negra
- Ralladura y jugo de 1 limón amarillo
- 50g de queso parmesano, rallado
- ½ cucharadita de romero fresco, finamente picado

Preparación

1 En una cacerola hervir 300 ml del caldo, retirar la cacerola del fuego e incorporar el azafrán.

2 En una sartén grande de base gruesa calentar el aceite y la mantequilla, saltear ligeramente la cebolla y el ajo de 4 a 5 minutos, hasta que estén suaves sin que lleguen a dorarse. Añadir el arroz y la calabaza, revolver durante 2 minutos o hasta que el arroz esté cubierto con el aceite.

3 Incorporar el vino y cocinar durante algunos segundos para evaporar el alcohol, mezclar el caldo con el azafrán. Cocinar a fuego lento, revolviendo constantemente, durante 5 minutos o hasta que todo el caldo se haya absorbido. Añadir la mitad del resto del caldo y cocer, revolviendo durante 10 minutos o hasta que se absorba. Agregar el resto del caldo y cocer, revolviendo, durante 10 minutos más o hasta que el arroz esté tierno y firme al morderlo. Sazonar.

4 Añadir la ralladura y el jugo de limón junto con el parmesano, decorar con el romero fresco. **Porciones 4**

cocina selecta

guarniciones

CEBOLLAS Y PIMIENTOS VERDES ASADOS

Ingredientes

4 cebollas, en cuartos

3 ramitas de tomillo

100ml de caldo de verduras o vino blanco

3 cucharadas de vinagre de sidra

2 cucharadas de aceite de oliva

1 cucharada de azúcar morena

2 cucharaditas de semillas de alcaravea (semillas de sabor picante y aroma parecido al del anís)

4 dientes de ajo, pelados, enteros

Sal y pimienta negra

3 pimientos verdes, sin semillas, en tiras gruesas

Preparación

1 Precalentar el horno a 200°C. En un recipiente para horno colocar las cebollas, el tomillo, el caldo o vino, el vinagre, el aceite, el azúcar, las semillas de alcaravea y el ajo. Sazonar, tapar con papel aluminio y hornear durante 30 minutos o hasta que las cebollas esté ligeramente suaves.

2 Retirar el papel, bañar las cebollas con el líquido de cocción, tapar de nuevo y hornear durante 30 minutos más o hasta que las cebollas estén tiernas. Añadir un poco de agua si el líquido se evapora.

3 Aumentar la temperatura del horno a 250°C. Retirar el papel aluminio e incorporar los pimientos. Hornear, sin tapar, de 8 a 10 minutos, voltear a la mitad de la cocción, hasta que casi todo el líquido se haya evaporado y las verduras comiencen a dorarse. **Porciones 6**

PURÉ DE CAMOTE

Ingredientes

750g de camotes, cortados en trozos grandes

3 cucharadas de leche

1 diente de ajo, machacado

40g de queso cheddar, finamente rallado

1 cucharada de perejil fresco, picado

1 cucharada de cebollín fresco, picado, extra para decorar

Pimienta negra

Preparación

1 En una cacerola con agua hirviendo cocer los camotes de 10 a 15 minutos, hasta que estén suaves. Colar bien, machacar hasta que estén muy suaves.

2 En una sartén calentar el aceite, añadir los camotes, el ajo, el queso cheddar, el perejil, los cebollines y la pimienta negra. Batir hasta que el puré suavice y esté bien mezclado, servir caliente decorado con el cebollín fresco. **Porciones 4**

CEBOLLAS Y PIMIENTOS VERDES ASADOS

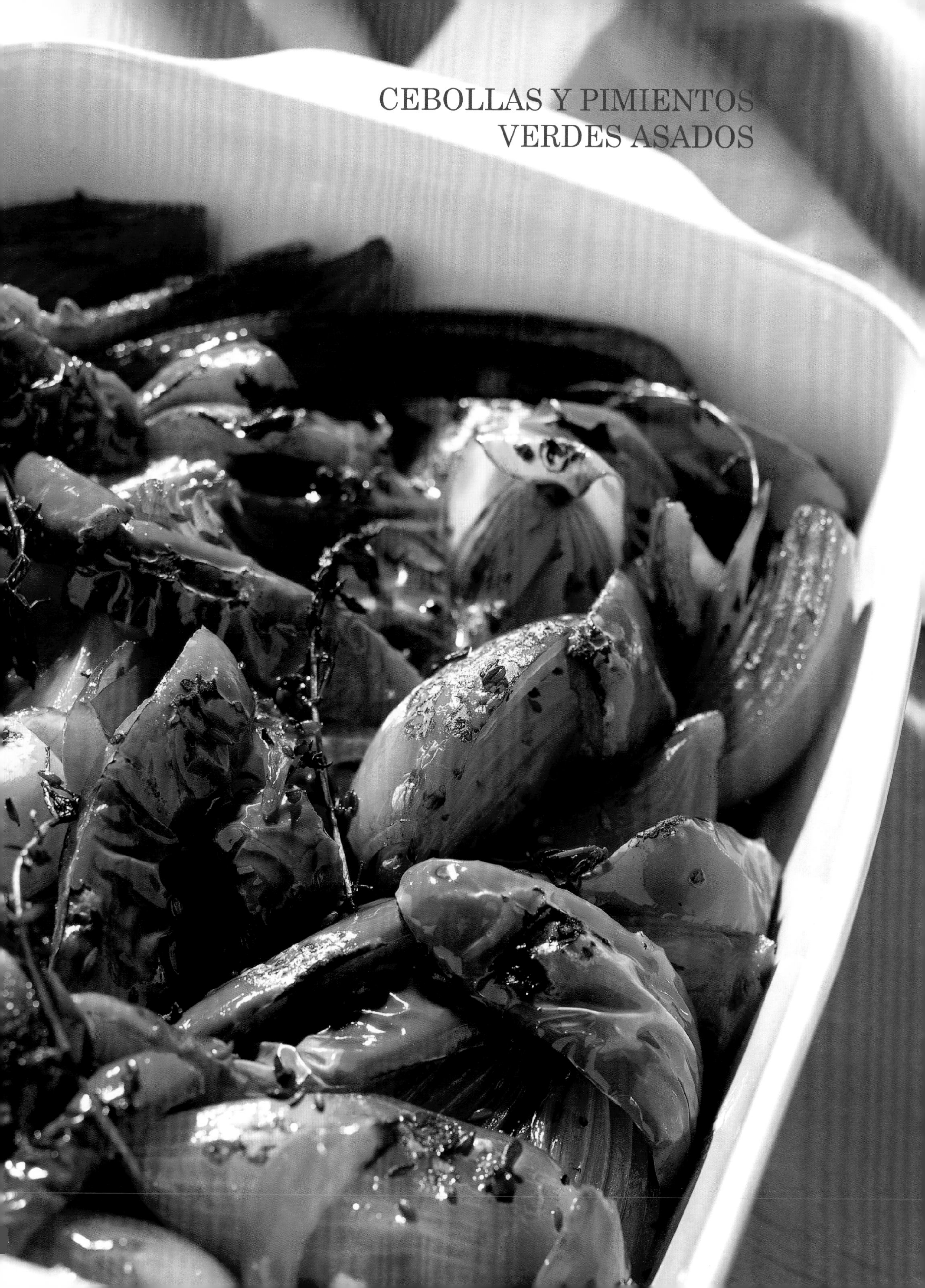

PAPAS MACHACADAS CON HIERBAS

Ingredientes

Sal y pimienta negra

1kg de papas, sin pelar, cortadas
en cuartos

3 cucharadas de aceite de oliva

1 cucharada de cebollín fresco, picado

25g de mantequilla, derretida

Preparación

1 En una cacerola hervir agua con un poco de sal, cocer las papas durante 20 minutos o hasta que estén tiernas. Colar, pelar y machacar con un tenedor, incorporar el aceite. Pasar a un platón.

2 Sazonar y esparcir el cebollín encima. Bañar con la mantequilla derretida justo antes de servir. **Porciones 6**

ENSALADA VERDE CON ESPECIAS

Ingredientes

Sal y pimienta negra

1kg de mezcla de brócoli, chícharos,
chícharos chinos, habas, espárragos
y ejotes finos

400g de garbanzos de lata, colados

1 lechuga romana, picada

85g de berros, sin los tallos gruesos

1 aguacate, en rebanadas gruesas

2 cucharadas de hierbas mixtas como
perejil y cilantro, finamente picadas

Para el aderezo

2 cucharadas de aceite de ajonjolí

150ml de aceite de girasol

4 cebollas de cambray, finamente
picadas

2 dientes de ajo, machacados

1 cucharadita de chile seco, machacado

2 cucharaditas de cilantro molido

2 cucharaditas de jengibre molido

Jugo de 2 limones amarillos

Preparación

1 Para hacer el aderezo, en una sartén calentar el aceite de ajonjolí y 75ml del aceite de girasol, freír las cebollas de cambray y el ajo de 1 a 2 minutos, hasta que estén suaves, pero que no tomen color. Añadir los chiles machacados, el cilantro y el jengibre, freír revolviendo de 2 a 3 minutos para que suelten el sabor, pasar a un tazón.

2 En una cacerola con agua hirviendo colocar las verduras, cocinar a fuego lento de 3 a 4 minutos, hasta que estén cocidas y crujientes. Colar.

3 En un tazón grande mezclar las verduras con los garbanzos. Verter el aderezo encima, revolver, incorporar la mitad del jugo de limón y el resto del aceite de girasol. Revolver de nuevo y sazonar si es necesario. Tapar y reservar hasta usarse.

4 Mezclar la lechuga con los berros. Sazonar, bañar con un poco de jugo de limón y aceite, revolver ligeramente. Acomodar con las verduras en un tazón para servir. Barnizar el aguacate con un poco de jugo de limón para evitar que se oxide, añadir a la ensalada con las hierbas. Bañar con el resto del jugo de limón y del aceite. Sazonar al gusto. **Porciones 20**

EJOTES CON ADEREZO DE NUEZ

Ingredientes

450g de ejotes finos

2 cucharadas de aceite de nuez

1 cucharada de aceite de oliva

1 cucharada de vinagre de vino blanco

1 cucharadita de mostaza de Dijon

Pimienta negra

Preparación

1 En una cacerola con agua hirviendo cocer los ejotes de 5 a 6 minutos, hasta que estén suaves.

2 Mientras, en un tazón pequeño colocar el aceite de nuez, el aceite de oliva, el vinagre, la mostaza y la pimienta negra, mezclar bien. Colar los ejotes y servir, calientes o fríos, bañados con el aderezo. **Porciones 4**

VERDURAS CON TOFU

Ingredientes

3 tazas de verduras preparadas como ejotes, zanahorias, calabacitas italianas, champiñones, espinacas, col o col china, chícharos chinos, chícharos, germen de soya

1 cebolla

3 tallos de apio

1 pimiento

250g de tofu (queso de soya)

3 cucharadas de aceite de cacahuate

2 dientes de ajo, rebanados

2 cucharadas de jengibre fresco, rallado

Salsa de soya

1 cucharadita de aceite de ajonjolí

2 cucharadas de semillas de ajonjolí tostadas

Preparación

1 Cortar las verduras en trozos medianos en diagonal, en cubos o en rebanadas. Pelar la cebolla, cortar en gajos y separar las láminas. Cortar el apio en rebanadas diagonalmente. Sacar las semillas de los pimientos y picar en cubos. Secar el tofu con papel absorbente y cortar en trozos medianos.

2 En una sartén calentar ligeramente el aceite con el ajo y el jengibre. Añadir el tofu y saltear hasta que esté dorado por ambos lados. Retirar con una cuchara coladora, desechar el ajo y el jengibre, reservar el tofu.

3 Agregar la cebolla, el pimiento y el apio a la sartén, saltear a fuego medio durante 3 minutos. Añadir primero cada una de las verduras que requieren mayor tiempo de cocción, saltear durante unos minutos antes de añadir las siguientes verduras, revolver cada minuto aproximadamente. Después agregar las verduras que requieren menor tiempo de cocción, revolver durante 1 o 2 minutos más. Incorporar el tofu, el germen de soya y calentar bien.

4 Sazonar con salsa de soya al gusto, verter el aceite y las semillas de ajonjolí y servir de inmediato acompañadas de arroz hervido. **Porciones 4**

COLIFLOR CON QUESO

Ingredientes

Sal y pimienta negra

1 coliflor grande, en racimos,
   sin la base gruesa

Para la salsa de queso

50g de mantequilla

50g de harina común

½ cucharadita de mostaza inglesa en polvo

1 pizca de pimienta de Cayena

600ml de leche

125g de queso cheddar, rallado

Preparación

1 En una cacerola con agua hirviendo añadir 1 cucharadita de sal. Agregar la coliflor y cocer, tapada, de 7 a 10 minutos, hasta que esté tierna. Colar y reservar.

2 Para hacer la salsa, en una sartén grande de base gruesa derretir la mantequilla a fuego lento. Agregar la harina, la mostaza en polvo y la pimienta de Cayena, batir para formar una pasta gruesa. Cocinar durante 2 minutos sin dejar de revolver.

3 Retirar del fuego, añadir poco a poco la leche, revolver en cada adición para evitar que se formen grumos. Regresar la sartén al fuego, aumentar a fuego medio y cocinar la salsa de 5 a 7 minutos, hasta que espese, revolver constantemente.

4 Precalentar el horno a 220°C. Retirar la sartén del fuego y añadir 75g del queso, revolver hasta que se derrita y se incorpore a la salsa. Sazonar con pimienta negra y sal. Colocar la coliflor en un recipiente para horno, verter la salsa encima, espolvorear el resto del queso. Hornear de 10 a 15 minutos hasta que la superficie esté dorada. **Porciones 4**

CHALOTES ASADOS CON ROMERO

Ingredientes

600g de chalotes o cebollas
  en conserva

2 cucharadas de aceite de oliva

1-2 cucharadas de romero fresco,
  picado

Pimienta negra

Preparación

1   Precalentar el horno a 220°C. Colocar los chalotes en una charola para asar, bañar con el aceite,
    espolvorear el romero y la pimienta negra, mezclar.

2   Hornear de 30 a 40 minutos, revolviendo una o dos veces, hasta que los chalotes estén tiernos y dorados.
    Servir calientes. Porciones 4

ESPÁRRAGOS CON SALSA DE LIMÓN

Ingredientes

2 manojos de espárragos, 550g en total

Sal y pimienta negra

Para la salsa

2 huevos medianos

2 cucharadas de pepinillo, picado

1 cucharadita de alcaparras, coladas,
  secas, picadas

1 cucharadita de mostaza de Dijon

5 cucharadas de aceite de oliva

Ralladura fina y jugo de ½ limón
  amarillo

1 pizca de azúcar extrafina

2 cucharadas de perejil fresco,
  finamente picado

2 cucharadas de crème fraîche
  o crema fresca

Preparación

1   Para hacer la salsa. En una cacerola con agua fría poner los huevos, dejar que suelte el hervor y cocer
    durante 10 minutos o hasta que estén cocidos. Pelar, cortar a la mitad y sacar las yemas, desechar las claras.

2   En un tazón mezclar las yemas, los pepinillos, las alcaparras y la mostaza, incorporar gradualmente el
    aceite de oliva. De manera alternativa, licuar en un procesador de alimentos o con una batidora de mano.
    Incorporar la ralladura y el jugo de limón y el azúcar, añadir el perejil y la crème fraîche.

3   Cortar los extremos ásperos de los espárragos, con un pelador pelar los 5 cm inferiores. En una cacerola
    colocar 4 cm de agua, añadir un poco de sal, dejar que suelte el hervor. Colocar verticalmente los
    espárragos en la cacerola, dejando las puntas fuera del agua. Hervir a fuego lento de 5 a 6 minutos hasta
    que estén tiernos, colar. Servir los espárragos con la salsa y espolvorear pimienta negra recién molida.
    Porciones 4

ELOTES CON VERDURAS MIXTAS EN LECHE DE COCO

Ingredientes

3 a 4 elotes

1kg de verduras mixtas, como brócoli, papas, calabaza amarilla, zanahoria, coliflor, etcétera)

½ manojo de espinacas

1 manojo pequeño de cilantro fresco

2.5cm de raíz de jengibre fresco

2 chiles verdes

2 cucharadas de aceite

2 cucharaditas de sal

1 cucharadita de cilantro molido

1 cucharadita de comino

1 lata de leche de coco

Preparación

1 Quitar las hojas y las fibras de los elotes, cortar cada uno en cuatro piezas. Pelar y cortar las verduras en trozos o en cubos. Retirar los tallos gruesos y picar las espinacas y el cilantro, lavarlos y reservar. En un colador colocar el resto de las verduras y lavar bien. Pelar y rallar el jengibre, quitar las semillas a los chiles y picarlos.

2 En una sartén grande de base gruesa calentar el aceite. Añadir el jengibre y los chiles, incorporar los trozos de elote. Esparcir la mitad de las espinacas y del cilantro, incorporar todas las verduras y agregar el resto de las espinacas y del cilantro.

3 Mezclar la leche de coco con sal, el cilantro y el comino, verter la mitad de la leche sobre las verduras. Cubrir con una tapa que quede justa y cocinar a fuego muy lento de 10 a 15 minutos o hasta que las verduras estén cocidas y sigan crujientes. Retirar la tapa y añadir el resto de la leche de coco. Servir de inmediato. Decorar con cilantro fresco. **Porciones 4 a 6**

ROLLOS DE BERENJENA

Ingredientes

2 berenjenas (225g aproximadamente)

3 cucharadas de aceite de oliva

3 jitomates Saladet, sin semillas, picados

150g de queso mozzarella, en cubos pequeños

2 cucharadas de albahaca fresca, picada

Sal y pimienta negra recién molida

Hojas de albahaca fresca para servir

Para el aderezo

¼ taza de aceite de oliva

1 jitomate Saladet, picado

1 cucharada de vinagre balsámico

2 cucharadas de piñones, asados

Preparación

1   Quitar los tallos de las berenjenas, cortarlas a lo largo en rebanadas de 5mm de grueso. Barnizar ambos lados con aceite y asar por ambos lados (hasta que estén suaves y comiencen a dorar).

2   Precalentar el horno a 180°C. En un tazón revolver los jitomates, el queso mozzarella, la albahaca y sazonar. Colocar una cucharada de la mezcla en un extremo de cada rebanada de berenjena, enrollar. Engrasar un recipiente para horno, poner las berenjenas con la unión hacia abajo y hornear de 15 a 17 minutos.

3   Para hacer el aderezo, saltear el jitomate en un poco de aceite hasta que esté suave. Añadir el resto del aceite, el vinagre balsámico y los piñones, calentar ligeramente. Sazonar al gusto. Acomodar los rollos de berenjena en un plato, verter el aderezo encima.

4   Decorar con las hojas de albahaca fresca y servir. **Porciones 4**

POLENTA, ESPINACAS Y QUESO AL HORNO

Ingredientes

1 cucharada de aceite de oliva

1 cebolla mediana, finamente picada

2 dientes de ajo, machacados

½ cucharadita de cilantro, molido

750g de espinacas frescas

1 taza de crema espesa

50g de queso gorgonzola, desmenuzado

1 pizca de nuez moscada molida

Sal y pimienta negra

500g de polenta preparada, en rebanadas finas

150g de queso mozzarella, en rebanadas finas

Preparación

1   Precalentar el horno a 230°C. En una sartén calentar el aceite y saltear ligeramente la cebolla, el ajo y el cilantro durante 5 minutos o hasta que las cebollas estén suaves.

2   Blanquear las espinacas en agua salada hirviendo durante 1 minuto, refrescar bajo el chorro de agua fría, colar bien y exprimir para quitar el exceso de agua. Incorporar las espinacas a la sartén junto con la crema, el queso gorgonzola, la nuez moscada, sal y pimienta. Dejar hervir a fuego lento, pasar a un recipiente grande para horno.

3   Acomodar la polenta y las rebanadas de queso mozzarella sobre la mezcla de las espinacas, presionar bien. Hornear durante 15 minutos o hasta que burbujee. Mientras, precalentar la parrilla a intensidad alta. Colocar el recipiente bajo el grill de 1 a 2 minutos, hasta que dore. **Porciones 4**

ROLLOS DE BERENJENA

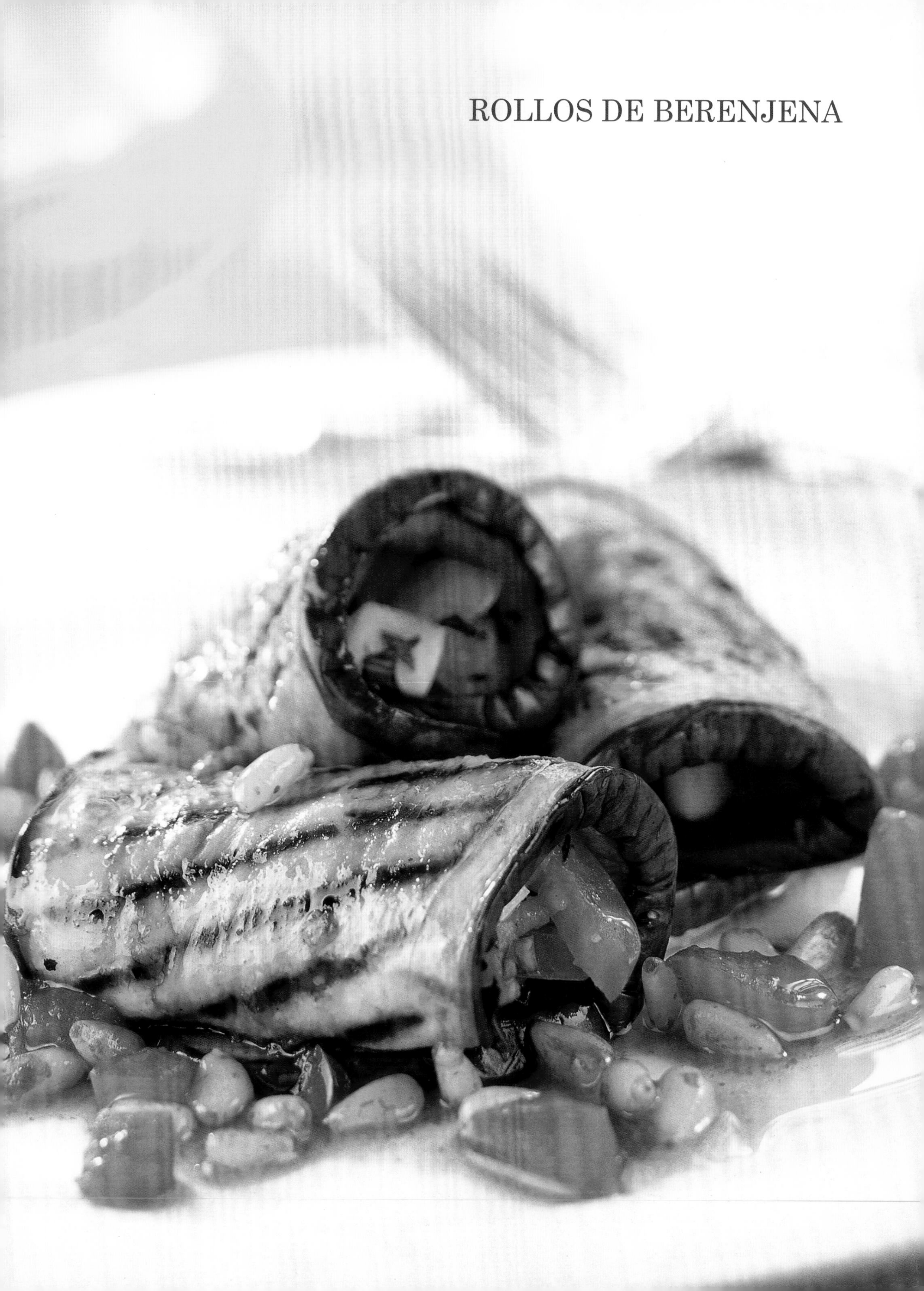

CHÍCHAROS CHINOS Y ZANAHORIAS CON SEMILLAS DE AJONJOLÍ

Ingredientes

½ pepino

2 cucharadas de semillas de ajonjolí

1 cucharada de aceite de girasol

4 zanahorias, cortadas en tiras

225g de chícharos chinos

6 cebollas de cambray, picadas

1 cucharada de jugo de limón amarillo

Pimienta negra

Preparación

1 Pelar el pepino, cortar por la mitad a lo largo, quitar las semillas. Rebanar en medias lunas.

2 Calentar un wok o una sartén grande de teflón. Añadir las semillas de ajonjolí y saltear durante 1 minuto o hasta que estén tostadas, revolviendo constantemente. Retirar de la sartén y reservar. Añadir el aceite a la sartén junto con el pepino y las zanahorias, saltear a fuego alto durante 2 minutos. Agregar los chícharos chinos y las cebollas de cambray, saltear de 2 a 3 minutos más, hasta que todas las verduras estén cocidas y crujientes.

3 Verter encima el jugo de limón y esparcir las semillas de ajonjolí, mezclar unos segundos más para calentar bien. Sazonar con pimienta al gusto. **Porciones 4**

BRÓCOLI Y COLIFLOR CON HIERBAS

Ingredientes

Sal y pimienta negra

300g de coliflor, en racimos

300g de brócoli, en racimos

1½ cucharadas de aceite de oliva

1 diente de ajo grande, finamente picado

3 cucharadas de pan blanco molido, fresco

3 cucharadas de perejil fresco, finamente picado

Ralladura fina de 1 limón amarillo y 1 naranja pequeña

15g de mantequilla, en cubos

Preparación

1 Precalentar el horno a 230°C. Barnizar ligeramente un recipiente para horno. En una cacerola hervir agua con sal, añadir la coliflor y cocer durante 2 minutos. Agregar el brócoli y cocer de 2 a 3 minutos, hasta que las verduras estén suaves, pero firmes al morderlas. Colar.

2 En una sartén pequeña calentar el aceite. Añadir el ajo, saltear durante 1 minuto, incorporar el pan molido y saltear durante un minuto más, hasta que comiencen a dorarse. Agregar el perejil y la ralladura de limón y de naranja.

3 Colocar la coliflor y el brócoli en el recipiente para horno y sazonar bien. Esparcir encima la mezcla de pan y perejil. Agregar la mantequilla, sazonar de nuevo y hornear en la parte superior del horno durante 5 minutos o hasta que la superficie esté dorada. **Porciones 6**

PASTEL DE CAMOTE Y CEBOLLA

Ingredientes

3 cucharadas de aceite de oliva

3 cebollas, rebanadas en aros

750g de camote, en rebanadas finas

Sal y pimienta negra

150ml de caldo de verduras

Preparación

1 En un wok o sartén grande de base gruesa calentar el aceite. Añadir las cebollas y saltear de 8 a 10 minutos, hasta que estén doradas.

2 Precalentar el horno a 200°C. En un recipiente para horno acomodar un tercio de los camotes y poner encima la mitad de las cebollas, sazonar y cubrir con otra capa de camote. Colocar el resto de las cebollas, sazonar y terminar con una capa de camote.

3 Verter el caldo sobre las verduras, tapar el recipiente con papel aluminio y hornear de 40 a 45 minutos, hasta que los camotes estén tiernos. Retirar el papel aluminio, bañar con el resto del aceite. Aumentar la temperatura del horno a 230°C y hornear de 8 a 10 minutos más, hasta que casi todo el líquido se haya evaporado y la parte superior esté dorada. **Porciones 6**

ENSALADA AMERICANA DE PAPAS

Ingredientes

1kg de papas pequeñas

⅓ taza de vino blanco seco

½ taza de vinagreta

1 cebolla morada, rebanada en aros

1 tallo de apio, rebanado

2 pepinillos en vinagre, en rebanadas finas

1 cucharadita de alcaparras

4 huevos duros, pelados, rebanados

Perejil picado

Sal y pimienta negra recién molida

Preparación

1 Limpiar las papas, cocerlas en agua salada hasta que estén tiernas. Pelar y rebanar las papas calientes, colocarlas en un platón. Verter el vino blanco, volteando las rebanadas de papa sin romperlas. Incorporar la vinagreta y añadir el resto de los ingredientes. Sazonar con sal y pimienta para servir.

2 Con mayonesa: Seguir la receta e incorporar media taza de mayonesa, o un cuarto de taza de mayonesa y un cuarto de crema agria, antes de agregar el resto de los ingredientes. Se requiere menor cantidad de mayonesa puesto que las papas están bañadas en aceite. **Porciones 4**

ESPINACAS CON SEMILLAS DE AJONJOLÍ

Ingredientes

750g de espinacas frescas, sin tallos

1 cucharada de aceite de cacahuate

1 cucharadita de aceite de ajonjolí

3 dientes de ajo, picados

2 cucharadas de semillas de ajonjolí

Jugo de ½ limón amarillo

¼ cucharadita de ralladura fina
   de limón amarillo (opcional)

Sal y pimienta negra

Preparación

1 En un tazón grande colocar las espinacas, cubrir con agua hirviendo, dejar reposar de 2 a 3 minutos. Colar, refrescar bajo el chorro de agua fría. Eliminar el exceso de agua, picar grueso.

2 En un wok o sartén grande de base gruesa calentar el aceite de cacahuate y de ajonjolí. Añadir el ajo y las semillas de ajonjolí, saltear de 1 a 2 minutos, hasta que el ajo comience a dorar y las semillas comiencen a reventar. .

3 Incorporar las espinacas, saltear de 1 a 2 minutos hasta que estén bien calientes. Agregar el jugo y la ralladura de limón, sazonar y mezclar bien. **Porciones 6**

CALABAZA CON SALSA DE LIMÓN Y QUESO

Ingredientes

750g de calabaza, pelada, sin semillas, cortada en trozos

200ml de caldo de verduras

2 cucharaditas de arrurruz (harina extraída de la raíz de la Maranta)

Ralladura de ½ limón amarillo

Jugo de 1 limón amarillo

150g de queso cheddar, rallado

2 cucharadas de eneldo o perejil fresco, picado

Sal y pimienta negra

Preparación

1   Colocar la calabaza en una vaporera. Colocar la vaporera sobre una cacerola con agua hirviendo y cocer al vapor de 5 a 10 minutos, hasta que esté tierna y firme.

2   Mientras, en una cacerola colocar el caldo y dejar que suelte el hervor. Mezclar el arrurruz con el jugo de limón e incorporar bien, añadir la ralladura de limón y agregar al caldo hirviendo. Cocinar a fuego lento, revolviendo constantemente, de 1 a 2 minutos, hasta que la salsa espese. Añadir 125 g del queso cheddar y cocinar a fuego lento de 1 a 2 minutos más, hasta que el queso se derrita. Incorporar el eneldo o perejil, sazonar y mezclar bien.

3   Precalentar la parrilla a intensidad alta. Pasar la calabaza a un recipiente para horno, verter la salsa de limón y esparcir el resto del queso. Colocar bajo el grill y cocer de 5 a 8 minutos, hasta que la salsa burbujee y esté dorada. **Porciones 6**

ARROZ PILAF

Ingredientes

1 pizca grande de hebras de azafrán

225g de arroz basmati o de grano largo

25g de mantequilla

1 chalote (parecido al ajo, pero con dientes más grandes), finamente picado

3 vainas de cardamomo (semillas aromáticas, de sabor intenso, algo cítrico y dulce)

1 ramita de canela

Sal

Preparación

1   En un mortero moler ligeramente el azafrán, mezclarlo con 1 cucharada de agua hirviendo, reservar. Enjuagar el arroz y colar.

2   En una sartén grande de base gruesa derretir la mantequilla. Saltear ligeramente el chalote durante 2 minutos o hasta que esté suave. Añadir las vainas de cardamomo, la canela, el arroz y mezclar bien.

3   Agregar 300ml de agua y sal a la mezcla del azafrán, verter en el arroz, dejar que suelte el hervor, reducir el fuego y tapar bien. Cocinar a fuego lento durante 15 minutos o hasta que el líquido se absorba y el arroz esté tierno. Retirar las vainas de cardamomo y la canela antes de servir. **Porciones 4**

VERDURAS ASADAS CON MOZZARELLA

Ingredientes

2 zanahorias, en tiras

2 papas pequeñas, rebanadas

Sal y pimienta negra

Aceite de oliva para barnizar

1 pimiento rojo, 1 pimiento verde, sin semillas, cortados en 8 piezas

1 berenjena, rebanada

2 cebollas moradas, en cuartos

6 dientes de ajo

150g de queso mozzarella, rallado

Para la salsa

1 cucharada de aceite de oliva

1 cebolla morada pequeña, finamente picada

2 dientes de ajo, machacados

400g de tomates de lata, picados

1 cucharada de puré de tomate

1 cucharadita de orégano seco

Preparación

1   Precalentar el horno a 230°C. En agua salada cocer las zanahorias y las papas durante 2 minutos o hasta que estén ligeramente suaves, colar.

2   Para hacer la salsa, en una sartén grande de base gruesa calentar el aceite, saltear la cebolla y el ajo a fuego bajo durante 5 minutos o hasta que estén suaves. Añadir los tomates, el puré de tomate y el orégano. Dejar que suelte el hervor. Cocinar a fuego bajo, sin tapar, durante 20 minutos o hasta que espese.

3   Mientras, barnizar con aceite 2 hojas de papel para hornear. Dividir las zanahorias, las papas, los pimientos, la berenjena, la cebolla y el ajo entre las dos hojas, acomodar las verduras en una sola capa. Barnizar con aceite, sazonar y hornear durante 20 minutos o hasta que estén suaves.

4   Colocar la salsa de tomate en un recipiente para horno, cubrir el fondo, acomodar las verduras encima. Espolvorear el queso mozzarella y hornear durante 5 minutos más o hasta que el queso se derrita. **Porciones 4**

RÖSTI DE PAPAS CON QUESO

Ingredientes

500g de papas, peladas, ralladas, quitar el exceso de agua

1 manojo de cebollas de cambray, picadas

25g de mantequilla, derretida

Sal y pimienta negra

1 cucharadita de aceite de cacahuate

100g de queso gruyer, rallado

Preparación

1 Precalentar el horno a 200°C. En un tazón colocar las papas y dos tercios de la cebolla, añadir la mantequilla y sazonar, mezclar bien.

2 En una sartén para horno calentar el aceite. Colocar la mezcla de las papas y presionar con el dorso de una cuchara para obtener una capa uniforme. Freír de 5 a 6 minutos, hasta que las orillas comiencen a dorar. Meter al horno durante 10 minutos hasta que la parte superior esté dorada.

3 Aumentar la temperatura del horno a 230°C. Mezclar el queso con el resto de las cebollas. Retirar la sartén del horno y colocar la mezcla de la cebolla y el queso sobre el rösti. Volver a hornear de 6 a 8 minutos, hasta que el queso esté dorado y burbujee. **Porciones 6**

REBANADAS DE CALABACITA ITALIANA Y POLENTA

Ingredientes

15g de mantequilla

3 cucharadas de aceite de oliva

250g de calabacitas italianas, ralladas

3 tazas de caldo de verduras

175g de polenta instantánea (puré de sémola de maíz italiano)

Sal y pimienta negra

40g de queso parmesano, finamente rallado

Preparación

1 Barnizar ligeramente un molde cuadrado para horno de 22 cm. En una sartén grande calentar la mantequilla y 1 cucharadita del aceite. Saltear la calabacita italiana de 3 a 4 minutos, revolviendo frecuentemente, hasta que esté suave sin que llegue a dorar. Retirar del fuego.

2 En una cacerola poner el caldo de verduras, dejar que suelte el hervor. Incorporar la polenta, revolviendo con una cuchara de madera, durante 5 minutos o hasta que la polenta espese y se concentre en el centro de la cacerola. Retirar del fuego y añadir las calabacitas. Sazonar al gusto.

3 Poner la polenta en un molde, esparcir de manera uniforme, agregar el queso parmesano, dejar reposar durante 1 hora para que se enfríe y cuaje.

4 Calentar una sartén acanalada a fuego alto. Cortar la polenta en rebanadas, barnizar con el resto del aceite y freír de 2 a 4 minutos por lado, hasta que esté dorada. Alternativamente, dorarla en una parrilla precalentada. **Porciones 4**

RÖSTI DE PAPAS CON QUESO

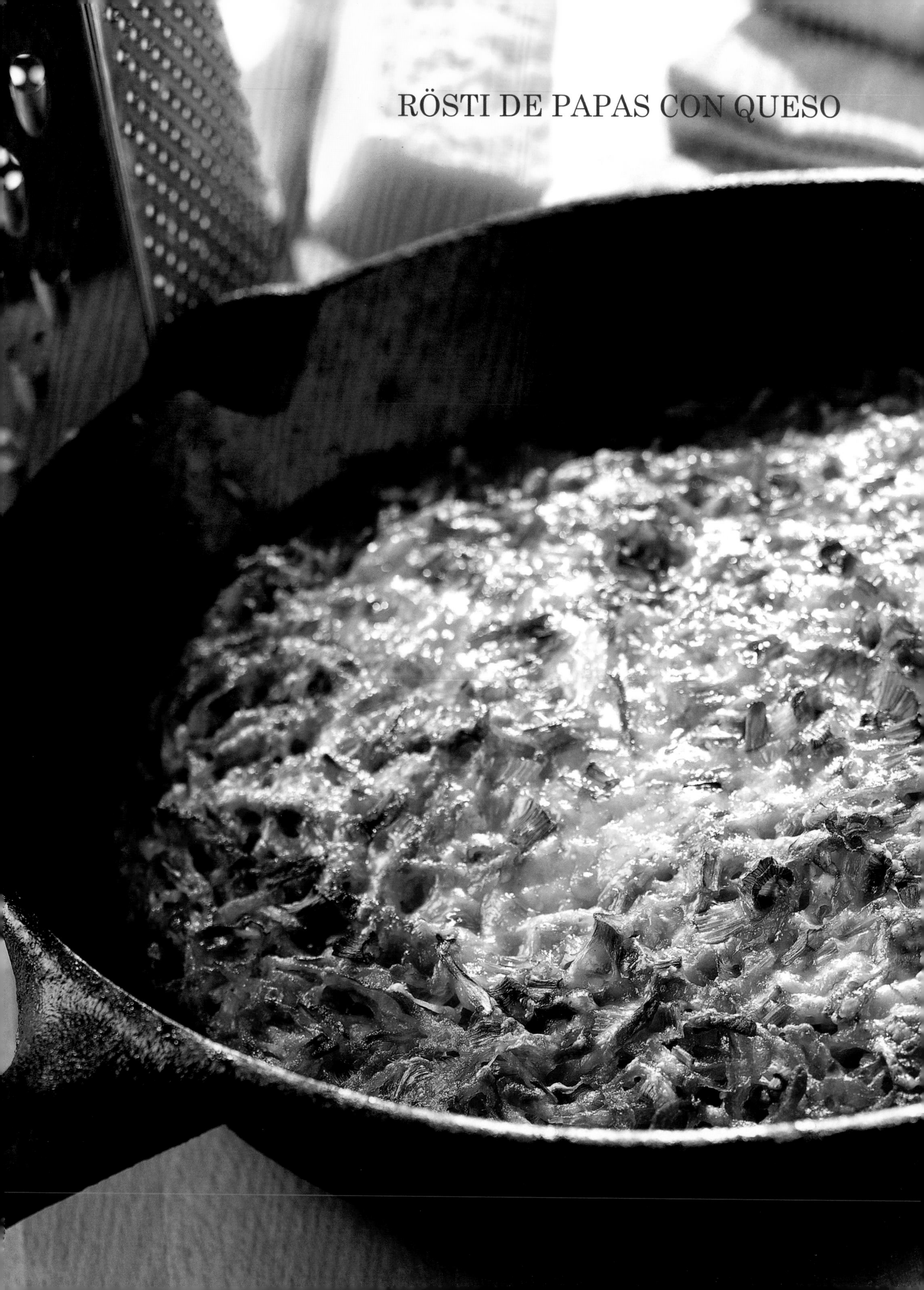

PAPAS CON LIMÓN Y ACEITUNAS

Ingredientes

1 limón amarillo

750g de papas pequeñas

2 dientes de ajo, rebanados

2 cucharadas de aceite de oliva

Sal y pimienta negra

15g de mantequilla

50g de aceitunas verdes, sin hueso, en cuartos

Preparación

1   Precalentar el horno a 220°C. Partir el limón a la mitad. Exprimir el jugo de una mitad, picar la otra mitad en trocitos pequeños.

2   Mezclar las papas, el jugo de limón, el limón picado, el ajo y el aceite. Sazonar, acomodar en una sola capa en un recipiente resistente al calor y colocar la mantequilla encima. Hornear de 25 a 30 minutos, moviendo el recipiente ocasionalmente, hasta que las papas estén tiernas y doradas. Incorporar las aceitunas justo antes de servir. **Porciones 4**

POROS BABY ASADOS CON NARANJA Y JENGIBRE

Ingredientes

3 cucharadas de aceite de oliva

3 cucharadas de vinagre balsámico

1 cucharadita de ralladura de naranja

Jugo de 2 naranjas grandes

12 poros baby, cortados en mitades a lo largo

150g de chalotes, picados

1 cucharada de raíz de jengibre, rallada

2 dientes de ajo, picados

Sal

Albahaca fresca para decorar

Preparación

1   Precalentar el horno a 200°C. Mezclar el aceite, el vinagre balsámico, la ralladura y el jugo de naranja colocar la mezcla en un recipiente para horno.

2   Añadir los poros, los chalotes, el jengibre y el ajo, revolver para bañar con la mezcla. Sazonar con sal y tapar holgadamente con papel aluminio. Hornear de 25 a 30 minutos, hasta que los poros estén cocidos.

3   Aumentar la temperatura del horno a 240°C. Retirar el papel aluminio y volver a hornear, moviendo una vez durante 10 minutos más, o hasta que los poros estén suaves y casi todo el líquido se haya evaporado. Enfriar ligeramente, espolvorear la albahaca y servir caliente o frío. **Porciones 6**

PAK CHOI EN SALSA DE OSTIÓN

Ingredientes

400g de pak choi (col china)

3 cucharadas de salsa de ostión

1 cucharada de aceite de cacahuate

Sal

Preparación

1 Cortar los extremos de los tallos de la col china, separar las hojas y enjuagar bien. Mezclar la salsa de ostión y el aceite.

2 En una cacerola con agua hirviendo con un poco de sal poner la col y cocer, sin tapar, durante 3 minutos o hasta que esté tierna. Colar y añadir a la mezcla del aceite y la salsa de ostión, revolver. **Porciones 4**

DAUPHINOISE CON PAPAS Y CEBOLLAS

Ingredientes

10g de mantequilla

675g de papas

3 cebollas, en rebanadas finas

Sal y pimienta negra

1 cucharadita de nuez moscada recién molida

450ml de crema espesa

Preparación

1 Precalentar el horno a 180°C. Engrasar con mantequilla un recipiente para horno. Con un procesador de alimentos o un cuchillo filoso cortar las papas en rebanadas finas.

2 Acomodar las papas y las cebollas en capas alternadas en el recipiente, sazonar ligeramente cada capa con sal, pimienta y nuez moscada. Terminar con una capa de papas, verter la crema y la mantequilla encima. Colocar el recipiente en la parte inferior del horno y cocer durante 1 hora o hasta que estén doradas. **Porciones 4**

COLIFLOR CON ESPECIAS Y AJO

Ingredientes

2 rebanadas de pan integral

1 coliflor, en racimos

Sal y pimienta negra

4 cucharadas de aceite de oliva

1 diente de ajo, machacado

1 chile rojo, finamente picado

8 aceitunas negras, sin hueso, cortadas a la mitad

1 cucharada de alcaparras

Preparación

1 Precalentar el horno a 160°C. Colocar el pan en el horno durante 20 minutos o hasta que se seque y esté crujiente. Procesar en un procesador de alimentos para molerlo. Se puede usar un rallador.

2 En una cacerola poner la coliflor, cubrir con agua hirviendo y añadir un poco de sal. Dejar que suelte el hervor, cocinar a fuego lento durante 1 minuto o hasta que esté ligeramente suave, colar bien.

3 En una sartén grande de base gruesa calentar el aceite. Añadir el ajo, el chile y la coliflor, freír durante 3 minutos o hasta que la coliflor comience a dorarse. Incorporar las aceitunas, las alcaparras, el pan molido y sazonar. Freír durante 1 minuto más o hasta que el pan absorba el aceite y el sabor. **Porciones 4**

glosario

Aceite de ajonjolí tostado (también llamado aceite de ajonjolí oriental): aceite oscuro poliinsaturado con punto de ebullición bajo que se usa para sazonar. No debe reemplazarse por aceite más claro.

Aceite de cártamo: aceite vegetal que contiene la mayor proporción de grasas poliinsaturadas.

Aceite de oliva: diferentes grados de aceite extraído de las aceitunas. El aceite de oliva extra virgen tiene un fuerte sabor afrutado y el menor grado de acidez. El aceite de oliva virgen es un poco más ácido y con un sabor más ligero. El aceite de oliva puro es una mezcla procesada de aceites de oliva, tiene el mayor grado de acidez y el sabor más ligero.

Acremar: dar textura suave y cremosa al frotar con el dorso de una cuchara o batir con una batidora. Por lo general se aplica para la grasa y el azúcar.

A la diabla: platillo o salsa muy sazonado con un ingrediente picante como mostaza, salsa inglesa o pimienta de Cayena.

Al dente: término italiano para cocinar que se refiere a los ingredientes cocinados hasta que estén suaves, pero firmes al morderlos, por lo general se aplica para la pasta.

Al gratín: alimentos espolvoreados con pan molido, por lo general cubierto de una salsa de queso y dorado hasta que se forma una capa crujiente.

Amasar: trabajar la masa usando las manos, aplicando presión con palma de la mano, y estirándola y doblándola.

Anglaise: estilo de cocinar que se refiere a platillos cocidos simples, como verduras hervidas. Assiette anglaise es un plato de carne cocida fría.

Bañar: humedecer la comida durante la cocción vertiendo o barnizando líquido.

Batir: mover rápidamente para incorporar aire y provocar que el ingrediente se expanda.

Blanc: líquido que se hace al añadir harina y jugo de limón al agua para evitar que ciertos alimentos se decoloren durante la cocción.

Blanquear: sumergir en agua hirviendo y después, en algunos casos, en agua fría. Las frutas y las nueces se blanquean para quitarles la piel con mayor facilidad.

Blanquette: estofado blanco de cordero, ternera o pollo cubierto de yemas de huevo y crema, acompañado de cebolla y champiñones.

Bouquet garni: un conjunto de hierbas, por lo general de ramitas de perejil, tomillo, mejorana, romero, una hoja de laurel, granos de pimienta y clavo en un pequeño saco que se utiliza para dar sabor a estofados y caldos.

Brasear: cocer verduras en una pequeña cantidad de vino, caldo u otro líquido en una cacerola cerrada. El ingrediente principal se fríe primero en grasa y se cuece al horno o lentamente sobre la estufa.

Caldo: líquido que contiene los sabores y nutrientes de las verduras.

Calzone: paquetito semicircular de masa para pizza relleno de carne o verduras, sellado y horneado.

Caramelizar: derretir el azúcar hasta que forme un jarabe dorado-café.

Cernir: pasar una sustancia seca en polvo por un colador para retirar grumos y que sea más ligera.

Chasseur: platillo francés en el que se cuecen platillos con champiñones, ehalotes, vino blanco y en muchas ocasiones, tomate.

Couli: puré ligero hecho de frutas o verduras frescas o cocidas, con la consistencia suficiente para ser vertido. Su consistencia puede ser rugosa o muy suave.

Crudités: verduras crudas cortadas en rebanadas o tiras para comer solas o con salsa, o verduras ralladas como ensalada con un aderezo sencillo.

Crutones: pequeños cubos de pan tostados o fritos.

Cuajar: hacer que la leche o una salsa se separe en sólido y líquido, por ejemplo, mezclas de huevo sobrecocidas.

Cubrir: forrar con una ligera capa de harina, azúcar, nueces, migajas, semillas de ajonjolí o de amapola, azúcar con canela o especias molidas.

Cuscús: cereal procesado a partir de la sémola, tradicionalmente se hierve y se sirve con carne y verduras en el típico platillo del norte de África que lleva su mismo nombre.

Decorar: adornar la comida, por lo general se usa algo comestible.

Derretir: calentar hasta convertir en líquido.

Desglasar: disolver el jugo de cocción solidificado en la sartén al añadirle líquido, raspar y mover vigorosamente mientras el líquido suelta el hervor. Los jugos de cocción se pueden usar para hacer gravy o para añadirse a la salsa.

Desmenuzar: separar en pequeños trocitos con un tenedor.

Despiezar: cortar las aves, animales de caza o animales pequeños en piezas divididas en los puntos de las articulaciones.

Disolver: mezclar un ingrediente seco con líquido hasta que se absorba.

Emulsión: mezcla de dos líquidos que juntos son indisolubles, como el agua y el aceite.

En cubos: cortar en piezas con seis lados iguales.

Engrasar: frotar o barnizar ligeramente con aceite o grasa.

Entrada: en Europa significa aperitivo, en Estados Unidos significa plato principal.

Escaldar: llevar justo al punto de ebullición, por lo general se usa para la leche. También significa enjuagar en agua hirviendo.

Espesar: hacer que un líquido sea más espeso al mezclar arrurruz, maicena o harina en la misma cantidad de agua fría y verterla al líquido caliente, cocer y revolver hasta que espese.

Espolvorear: esparcir o cubrir ligeramente con harina o azúcar glas.

Espumar: retirar una superficie (por lo general, de impurezas) de un líquido usando una cuchara o pala pequeña.

Fibra dietética: material celular que el cuerpo humano no digiere o lo hace parcialmente y que promueve la sana digestión de otras materias alimenticias.

Fileteado: rebanado en trozos largos y delgados, se refiere a las nueces, en especial a las almendras.

Flamear: prender fuego al alcohol sobre la comida.

Forrar: cubrir el interior de un recipiente con papel para proteger o hacer que sea más fácil desmoldar.

Freír: cocer en una pequeña cantidad de grasa hasta que dore.

Freír revolviendo: cocer rebanadas delgadas de carne y verduras a fuego alto con una pequeña cantidad de aceite, sin dejar de revolver. Tradicionalmente se fríe en un wok, aunque se puede usar una sartén de base gruesa.

Frotar: método para incorporar grasa con harina usando sólo las puntas de los dedos. También incorpora aire a la mezcla.

Glaseado: cubierta delgada de huevo batido, jarabe o gelatina que se barniza sobre galletas, frutas o carnes cocidas.

Gluten: proteína del harina que se desarrolla al amasar la pasta y la hace elástica.

Grasa poliinsaturada: uno de los tres tipos de grasas que se encuentran en la comida. Se encuentra en grandes cantidades en aceites vegetales como el aceite de cártamo, de girasol, de maíz y de soya. Este tipo de grasa disminuye el nivel de colesterol en la sangre.

Grasa total: ingesta diaria individual de los tres tipos de grasa descritos. Los nutriólogos recomiendan que la grasa aporte no más del 35 por ciento de la energía diaria de la dieta.

Grasas monoinsaturadas: uno de los tres tipos de grasas que se encuentran en los alimentos. Se cree que este tipo de grasas no eleva el nivel de colesterol en la sangre.

Grasas saturadas: uno de los tres tipos que encontramos en los alimentos. Existen en grandes cantidades en productos animales, en aceites de coco y palma. Aumentan los niveles de colesterol en la sangre. Puesto que los niveles altos de colesterol causan enfermedades cardiacas, el consumo de grasas saturadas debe ser menor al 15 por ciento de la ingesta diaria de calorías.

Gratinar: platillo cocido al horno o bajo la parrilla de manera que desarrolla una costra color café. Se hace espolvoreando queso o pan molido sobre el platillo antes de hornear. Los platos poco profundos provocan una gran superficie para gratinar.

Harina sazonada: harina a la que se añade sal y pimienta.

Hervir a fuego lento: cocer suavemente la comida en líquido que burbujea de manera uniforme justo antes del punto de ebullición para que se cueza parejo y que no se rompa.

Hidratar: para hidratar la grenetina se espolvorea sobre agua fría y se deja reposar hasta que obtenga consistencia de gel, después se disuelve y se hace líquida.

Hojas de parra: hojas tiernas de vid, con sabor ligero, que se usan para envolver mezclas. Las hojas deben lavarse bien antes de usarse.

Humedecer: devolver la humedad a los alimentos deshidratados al remojarlos en líquido.

Incorporar ligeramente: combinar moderadamente una mezcla delicada con una mezcla más sólida, se usa una cuchara de metal.

Infusionar: sumergir hierbas, especias u otros saborizantes en líquidos calientes para darles sabor. El proceso tarda de 2 a 5 minutos, dependiendo del sabor. El líquido debe estar muy caliente sin que llegue a hervir.

Juliana: cortar la carne en tiras del tamaño de un cerillo.

Licuar: mezclar completamente.

Macerar: remojar alimentos en líquido para ablandarlos.

Mantequilla clarificada: derretir la mantequilla y separar el aceite del sedimento.

Marcar: hacer cortes superficiales en la comida para evitar que se curve o para hacerla más atractiva.

Marinada: líquido sazonado, por lo general es una mezcla aceitosa y ácida, en el que se remojan carnes u otros alimentos para suavizarlos y darles más sabor.

Marinar: dejar reposar los alimentos en una marinada para sazonarlos y suavizarlos.

Marinara: estilo "marinero" italiano de cocinar que no se refiere a ninguna combinación especial de ingredientes. La salsa marinara de tomate para pasta es la más común.

Mariposa: corte horizontal en un alimento de manera que, al abrirlo, queda en forma de alas de mariposa.

Mechar: introducir. Por ejemplo, introducir clavos al jamón horneado.

Mezclar: combinar los ingredientes al revolverlos.

Molde: pequeño recipiente individual para hornear de forma oval o redonda.

Passata: pasta hecha de tomates maduros hechos puré y pasados por un colador para quitar la piel y las semillas. Se vende en tarros y puede ser suave o contener trozos, dependiendo del colado.

Pelar: quitar la cubierta exterior.

Picar fino: cortar en trozos muy pequeños.

Pochar: hervir ligeramente en suficiente líquido caliente para que cubra al alimento, con cuidado de mantener su forma.

Puré: pasta suave de verduras o frutas que se hace al pasar los alimentos por un colador, molino, o licuarlos en una licuadora o en un procesador de alimentos.

Quemar las plumas: flamear rápidamente las aves para eliminar los restos de las plumas después de desplumar.

Rábano daikon: rábano japonés que es blanco y largo.

Ragú: tradicionalmente, cocido sazonado que contiene carne, verduras y vino. Hoy en día se aplica el término a cualquier mezcla cocida.

Ralladura: delgada capa exterior de los cítricos que contiene el aceite cítrico. Se obtiene con un pelador de verduras o un rallador para separarla de la cubierta blanca debajo de la cáscara.

Reducir: cocer a fuego muy alto, sin tapar, hasta que el líquido se reduce por evaporación.

Refrescar: enfriar rápidamente los alimentos calientes, ya sea bajo el chorro de agua fría o al sumergirlos en agua con hielo, para evitar que sigan cociéndose.

Revolcar: cubrir con un ingrediente seco, como harina o azúcar.

Revolver: mezclar ligeramente los ingredientes usando dos tenedores o un tenedor y una cuchara.

Risotto: comida tradicional italiana realizada a base de arroz.

Rociar: verter con un chorro fino sobre una superficie.

Salsa: jugo derivado de la cocción del ingrediente principal, o salsa añadida a un platillo para aumentar su sabor. En Italia el término suele referirse a las salsas para pasta.

Saltear: cocer o dorar en pequeñas cantidades de grasa caliente.

Sancochar: hervir o hervir a fuego lento hasta que se cueza parcialmente (más cocido que al blanquear).

Sartén de base gruesa: cacerola pesada con tapa hecha de hierro fundido o cerámica.

Sartén de teflón: sartén cuya superficie no reacciona químicamente ante la comida, puede ser de acero inoxidable, vidrio y de otras aleaciones.

Sellar: dorar rápidamente la superficie a fuego alto.

Souse: cubrir la comida, en especial el pescado, con vinagre de vino y especias y cocer lentamente, la comida se enfría en el mismo líquido. Este proceso da un sabor avinagrado.

Sudar: cocer alimentos rebanados o picados, por lo general verduras, en un poco de grasa y nada de líquido a fuego muy lento. Se cubren con papel aluminio para que la comida se cueza en sus propios jugos antes de añadirla a otros ingredientes.

Suero de leche: cultivo lácteo de sabor penetrante, su ligera acidez lo hace una base ideal para marinadas para aves.

Sugo: salsa italiana hecha del líquido o jugo extraído de la fruta o carne durante la cocción.

Trigo bulgur: tipo de trigo en el que los granos se cuecen al vapor y se secan antes de ser machacados.

Udon: tipo de fideo grueso hecho de harina, usado en la comida oriental.

Udonji: caldo del udon.

Verduras crucíferas: ciertos miembros de la familia de la mostaza, la col y el nabo con flores cruciformes y fuertes aromas y sabores.

Vinagre balsámico: vinagre dulce, extremadamente aromático, con base de vino que se elabora en el norte de Italia. Tradicionalmente, el vinagre se añeja durante 7 años por lo menos en barriles de diferentes tipos de madera.

Vinagre de arroz: vinagre aromático que es menos dulce que el vinagre de sidra y no tan fuerte como el vinagre de malta destilado. El vinagre de arroz japonés es más suave que el chino.

índice

índice

pesos y medidas

Cocinar no es una ciencia exacta, no son necesarias básculas calibradas, ni tubos de ensayo ni equipo científico para cocinar, aunque la conversión de las medidas métricas en algunos países y sus interpretaciones pueden intimidar a cualquier buen cocinero.

En las recetas se dan los pesos para ingredientes como carnes, pescados, aves y algunas verduras, pero en la cocina convencional, unos gramos u onzas de más o de menos no afectan el éxito de tus platillos.

Aunque las recetas se probaron con el estándar australiano de 1 taza/250ml, 1 cucharada/20ml y 1 cucharadita/5ml, funcionan correctamente para las medidas de Estados Unidos y Canadá de 1 taza/8fl oz, o del Reino Unido de 1 taza/ 300ml. Preferimos utilizar medidas de tazas graduadas y no de cucharadas para que las proporciones sean siempre las mismas. Donde se indican medidas en cucharadas, no son medidas exactas, de manera que si usas la cucharada más pequeña de EU o del Reino Unido el sabor de la receta no cambia. Por lo menos estamos todos de acuerdo en el tamaño de la cucharadita.

En el caso de panes, pasteles y galletas, la única área en la que puede haber confusión es cuando se usan huevos, puesto que las proporciones varían. Si tienes una taza medidora de 250ml o de 300ml, utiliza huevos grandes (65g/2¼ oz) y añade un poco más de líquido a la receta para las medidas de tazas de 300ml si crees que es necesario. Utiliza huevos medianos (55g/2oz) con una taza de 8fl oz. Se recomienda usar tazas y cucharas graduadas, las tazas en particular para medir ingredientes secos. No olvides nivelar estos ingredientes para que la cantidad sea exacta.

Medidas inglesas
Todas las medidas son similares a las australianas, pero hay dos excepciones: la taza inglesa mide 300ml/10½ fl oz, mientras que las tazas americana y australiana miden 250ml/ 8¾ fl oz. La cucharada inglesa mide 14.8ml/½ fl oz y la australiana mide 20ml/¾ fl oz. La medida imperial es de 20fl oz para una pinta, 40fl oz para un cuarto y 160fl oz para un galón.

Medidas americanas
La pinta americana es de 16fl oz, un cuarto mide 32fl oz y un galón americano es de 128fl oz; la cucharada americana es igual a 14.8ml/½ fl oz, la cucharadita mide 5ml/1/6 fl oz. La medida de la taza es de 250ml/ 8¾ fl oz.

Medidas secas
Todas las medidas son niveladas, así que cuando llenes una taza o cuchara nivélala con la orilla de un cuchillo. La siguiente escala es el equivalente para cocinar, no es una conversión exacta del sistema métrico al imperial. Para calcular el equivalente exacto multiplica las onzas por 28.349523 para obtener gramos, o divide 28.349523 para obtener onzas.

Métrico gramos (g), kilogramos (kg)	Imperial onzas (oz), libras (lb)
15g	½oz
20g	⅓oz
30g	1oz
55g	2oz
85g	3oz
115g	4oz/¼ lb
125g	4½oz
140/145g	5oz
170g	6oz
200g	7oz
225g	8oz/½ lb
315g	11oz
340g	12oz/¾ lb
370g	13oz
400g	14oz
425g	15oz
455g	16oz/1 lb
1,000g/1kg	35.3oz/2.2 lb
1.5kg	3.33 lb

Temperaturas del horno
Las temperaturas en grados Centígrados no son exactas, están redondeadas y se dan sólo como guía. Sigue las indicaciones de temperatura del fabricante del horno en relación a la descripción del horno que se da en la receta. Recuerda que los hornos de gas son más calientes en la parte superior; los hornos eléctricos son más calientes en la parte inferior y los hornos con ventilador son más uniformes. Para convertir °C a °F multiplica los °C por 9, divide el resultado entre 5 y súmale 32.

	C°	F°	Gas regulo
Muy ligero	120	250	1
Ligero	150	300	2
Moderadamente ligero	160	325	3
Moderado	180	350	4
Moderadamente caliente	190–200	370–400	5–6
Caliente	210–220	410–440	6–7
Muy caliente	230	450	8
Súper caliente	250–290	475–500	9–10